雄弁の道

雄弁の道《ナフジュ＝ル＝バラーガ》 アリー説教集

アリー・イブン・アビー・ターリブ
黒田壽郎 訳

書肆心水

雄弁の道

目次

訳者序文　アリーのイスラーム

黒田　壽郎

イスラームという教えの理解の要とされている本書は、ムスリムの基礎的教養の最良の礎とされており、本書の日本語訳の刊行は、イスラームという教えの正確な理解のための金字塔となるであろうことは疑いがない。

筆者は、櫻井秀子教授の協力を得て、正統四代カリフの一人アリー・イブン・アビー・ターリブ▽の『雄弁の道』(Nahju-l-Balaghah) のアラビア語原典翻訳を進めてきた。『雄弁の道』はアリーの説教、書簡、祈願文からなるものであるが、その説教部分全体（説教総数二百三十九）のページ数にして三分の二ほどを今回刊行するにあたり、この説教集のイスラーム研究における重要性について若干の解説が不可欠であろう。

それにあたっては先ず、カリフ・アリーの人となりを説明することから始める必要がある。イスラームの預言者ムハンマドの従弟《いとこ》に当たる彼は、この預言者にとりわけ好意

▽アリー・イブン・アビー・ターリブ
西暦六〇〇年頃生～六六一年没。第四代正統カリフ（在位西暦六五六年～六六一年）。

を示した父アブー・ターリブの影響もあって、若くしてこの従兄《いとこ》と親しく交わり、行を共にしていた。イスラームへの入信は、ムハンマドの妻ハディージャに次いで、男性としては最初の信者であり、信仰上の経歴では断然他より重みのある存在である。

周知のように登場当初のイスラームは、その世界観の革新性ゆえに、当時メッカで支配的地位を誇っていた保守的勢力から強い反発を受けざるをえなかった。その結果、新興イスラーム勢はメッカから逃れ、安住の地を求めてマディーナに逃れることになる。政治的才覚に長けたムハンマドは、この地で辛うじて独立の地位を保つことになる。ところでメッカから逃亡を余儀なくされた折には、アリーは追手の眼をかわすためムハンマドの影武者となって、一人洞窟に身を隠したりして大きな貢献を果たしている。マディーナで辛うじて独立した地位を保つことに成功したムスリム勢は、この地で始めてのウンマ、社会的共同体を形成することになる。それを成し遂げた年を記念して、イスラーム独自の年号、ヒジュラ暦（イスラーム暦）が創始され、その時がイスラーム暦の元年とされている。

マディーナの地で小規模の独立を勝ち取ったムスリム勢は、一応安堵の胸を撫で下ろしたものの、直ちにメッカの保守勢力からの脅威に曝される。彼らは大挙してマディーナに襲い掛かったのである。幸い最初のバドルの戦いはムスリム側の大勝利に終わっているが、それに続くウフドの戦いでは、預言者ムハンマドは危うく死を免れるような苦境にあっている。

メッカとマディーナの勢力関係は長らく均衡を保ったままであったが、この間のアリーの活躍ぶりは特筆に値するものである。当時のアラブ世界では二つの勢力があい戦う場合、両軍はそれぞれ大将を選んで衆人環視の下に一騎打ちを行わせ、その決着がついた後で本番の戦闘に入るというしきたりがあった。ムスリム勢の場合、最初のバドルの戦い以降、ほとんどすべての重要な戦役において、この役を果たし続けたのがアリーであった。戦意高揚のために最も重要な役割を果たすこのような重責を、生涯にかけて完遂した彼の貢献は他の誰をも凌いでいるのである。

マディーナのイスラーム勢は、強大なメッカの保守勢力に対して辛うじて均衡を保ちえたが、これは決して故なしに成就された訳ではない。それを証すためには、預言者の最後の別れの説教で有名な一句を引くにしくはない。彼は並みいる信者たちを前にして高らかに宣言している。「信者の者たちよ聞くがよい。今日この日の後、神の御前で君たちの名誉、生命、財産は確かに尊重され、君たちの間にはいかなる差別もない。」このイスラームの民主主義宣言は、信者たちの共同体意識に明確に確立されていた。この民主主義は、欧米のそれとは全く構造を異にしているため、多くの人々に正確に理解されていない嫌いがある。ただしこの問題の了解なしに、イスラームの主張の本質を捉えることは完全に不可能なのである。

神与の教えであるイスラームは、絶対的な神から被造物に対して下されたメッセージである。その際、神は地上のもの皆に対して、この知らせの内容をこの世で保持し、実践するものはいないかと呼びかけた。この呼びかけに応じたのは山でも、海でもなく、力ない人間であった。天使もこの重責を担うことを避け、神の命にただ従うだけという立場をとるばかりであった。神の望みを地上で実践し、その意に叶うように努力することを約束するという責務を引き受けたのが、他でもない人間だったのである。このような責務の受託のゆえに、人間はハリーファトゥ＝ラーフ、神の代理人と呼ばれるのである。ハリーファというアラビア語は、代理者、代理人を意味するが、俗にカリフと呼ばれるのがこのハリーファである。

ところで周知のようにカリフと呼ばれる存在には、二種類がある。第一は、ハリーファトゥ＝ラーフという名そのままで呼ばれる神の代理人、つまり一人一人の人間個人であり、他のハリーファは、ハリーファトゥ＝ラスールッ＝ラー、つまり神の預言者のカリフがこれに当たる。ここで力説しなければならないのは、これら二つのカリフの相違である。後者のカリフは、別名アミール＝ル＝ムウミニーン、つまり信者たちの長に当たり、預言者の没後ムスリム共同体、ウンマ・イスラーミーヤの長として信者たちを統べる役割を果たす。このカリフ職には、当時存在する宗教的知識、道徳心に最も優れた人物が専任され、カリフの後任は厳密な推薦制度に基づいて任命されることが定められていた。

ここで注目に値するのは、イスラームにおける上述の二種類のカリフの存在の位置関係である。その呼称の示すところによると、第一のカリフが神の直接の代理人であるのに対し、第二のカリフは神の預言者ムハンマドの代理人という名で呼ばれているに過ぎない点が問題である。代理者性という点において、第一のカリフの方が第二のそれに比してより直接的であり、優位にあることは明瞭であろう。これはイスラームの民主主義において、各信者の存在の方が、彼らの長よりも一段と重みを持つことを意味しており、このことが極めて重要なのである。これをいい換えるならば、イスラームの民主主義においては、ウンマの長たるものが、上からではなく、民衆の下にあって、その理念の維持、実践に努力する者であることを意味しているのである。このような支配者と支配される者の地位の上下の逆転こそ、この民主主義の卓越したところなのである。

このようなウンマを構成する個々の人間の優越性が獲得されるためには、独自の世界観、思想的条件が不可欠である。この問題、つまりイスラームの基本的な政治体制について明快な解説を行っているのが、アリーの説教集『雄弁の道』が説いている政体論である。その解説を行うまえに必要なのは、この議論のイスラームの教えにおける位置である。イスラームにとっての最も基本的な典拠は、いうまでもなく神の言葉、クルアーンである。ところでクルアーンは、神自身の言葉であって、それを伝えた預言者の創作になるものではないという点が、最も重要な点である。これに関する証拠は、この聖典が啓示された際、ムハンマドが失神状態にあった事実である。クルアーンが人間の創作になるものではないことを強調し、その点を明確にするためにこの事実は本質的に重要である。クルアーンが神与のものであるということは、イスラームにとって最も基本的なものであり、無限なる絶対者、神と被造物の完全な相違、隔たりこそ、この教えの本質と深く関わる点なのである。

神と被造物の絶対的な距離の確認、自覚は、イスラームの本性を自覚させるアルファ、オメガに他ならないが、このような思考の構造こそ、この教えの最も根源的な要素なのである。このような基本的認識に基づいてアリーの政治的考察を検討してみると、一つの明快な政体論が浮かび上がってくる。具体的にこのイスラームの政体論は、説教集『雄弁の道』に簡潔に記述されているが、その骨子を説明する前に一先ずアリー自身の立場の独自性について述べておく必要があるだろう。

先に述べたように預言者ムハンマドは、神の言葉クルアーンを、憑依の状態で啓示された。ただしアリーの立場は、その内容を現世に実現するためという、具体的な目的に適合させるような読み替えの上に成立するものなのである。神と人との絶対的隔絶という形而上的格差は、ことの本質に依拠するものであるが、それでは現実的な共同体の行動に資するものはなに一つ存在しないことになる。このような矛盾を根本的に解決しているのが、アリーの政体論である。彼の議論の詳細については、彼の著作を具体的に引用して検討する必要があるが、一先ずここでその内容を要約して吟味しておくことにしよう。この点に関する要点は、視点の複数性である。

問題の要点を簡略にするために、ここでは西欧の場合と、イスラームの場合の基本的な相違について考察しておくことにしよう。例えばキリスト教の場合、神の意思を代行して実践するパウロのような教皇が存在している。彼の地位はイスラームの信者たちの長、カリフのそれに似ているが、その実質を比べてみると、両者の間には大きな相違がある。教皇は神与の権威を一身に集めるが、その権威の実質は一般信者に分け与えられることはない。それに反してイスラームのカリフは、神から授かった権威を一般信徒のすべてと共有し合っているのである。注目すべきは神与のものが、決してそれを授かった者の独占物ではないところにある。この差異を生み出すものは、共同体に属するすべての個人が、例外なくあらゆる他者と関係しあっているという、密接な関係性にあるといえるであろう。このような関係性をもたらすものは視点の複数性なのである。

イスラームにおいて各信者は、預言者が「別れの説教」で明言しているように、例外なく等位におかれている。このような事態が成立するためには、各人が独自の複眼を持ち合わせるのが基本的な条件なのである。イスラームの認識論によれば、世界の認識は二つの知的システムから成り立っている。一つは現実に関する主観的な認識であるが、それと同時に存在するのは世界を一即多、多即一というかたちで複合的に捉える観法である。この場合、第一の認識は、眼前の現実を主観的判断によって差異的なものとして捉える。この認識が方便とし、依拠しているのはもっぱら主観であるが、このような認識の問題点は、現実との関連は主観的な要素に限られ、客観的な外部世界に立ち向かうことがない。それが関わっているのは、刻々と移ろい行く無常の虚ろな現実だけなのである。しかしわれわれの認識を確立させるのはいま一つの、他の認識、つまり自他不二の事態を包含する観法なのである。この観法があって初めて、認識は外部世界と確実に接触し、渡り合うことになる。認識が外部世界を取り入れることが可能になるのは、この認識あってのことなのである。

外部世界を取り入れる認識上の構造がなければ、それを手中に入れることは決してできない。一即多、つまり自他不二の認識の構造なくして、個人は外部性に身を開き、被造物のすべてと自由に交感することは不可能なのである。なん度も指摘するように、外界に対する単なる私的な判断は、終始私的なものに留まり、外部の影に触れるのみで、その実質と関わることはない。このような外部性の不在、喪失がもたらすものは、例えば現在の欧米世界の実状、それに過度に影響を受けた現代世界のライフスタイルにも端的に反映されてはいないであろうか。例えば経済生活は、もっぱら欧米流の資本主義に独占され、貨幣を介する交換経済のみが重視され、法人といった似非人間が創始されて優勢を極め、例えば贈与的な側面が完全に軽視される。この道徳的性格を欠いたまま、人間としての資格を与えられた生き物は、いまや金融市場で圧倒的な支配権を獲得し、生活世界で夥しい経済的格差を生み出す原動力となっている。これまでの近代化、進歩、発展のための金科玉条の基本的方策であった資本主義が、いまや完全に地に堕ちていることは、ようやく誰の目にも明らかになっていないであろうか。参加者すべての公正さを保障する仕組みを持ち合わせない社会が、成功するためしなどありえないのである。

アリーの『雄弁の道』には、上述のような欠点とは無縁なイスラームの民主主義に関する重要な指摘がある。彼の主張を紹介するには、それが簡潔、直截に述べられている以下の一つの説教を引用するだけで十分である。

「さて至高のアッラーは、私が君たちの諸事全般の指導を行うという意味において、私の権利を君たちの上に位置づけられた。また私が君たちに対し権利を有するのと同様に、君たちも私に対して権利を有する。権利の種類は幅広いが、公正な分配という点においては限定的である。他の者によって自分が反対される権利を他の者が持たないような者には、権利は生じない。またその反対に、支持する権利がなければ、反対する権利もない。もし反対する権利がなく、支持する権利しかないのであれば、それはひたすらいと高きアッラーのものであり、その権利は、アッラーの権能ならびにアッラーの法令が打ち立てた公正さのおかげによる被造物のためのものではない。もちろんいと高きアッラーは、被造物が神を崇める権利をお創りになった。そして神が物惜しみしない寛容な御方である徴として、神がご自身に対して彼らに幾度にもわたり報奨を与える義務を課された。

そして、いと高きアッラーはご自身の権利から、一定の人々が他の人々に対して有する権利をお与えになった。だが同時に神は彼らを互いに平等になされた。これらの権利のうちのいくつかは、他の権利を生む。権利の中には双務的に生じるものもある。いと高きアッラーが義務となされたこれらの権利の中で最も偉大なのは、支配者の被支配者に対する権利と、被支配者の支配者に対する権利である。これは至高のアッラーが互いに課された義務である。アッラーはこのような双務関係を彼らが互いに敬愛する基礎、彼らの宗教の誇りとなされた。結果的に、支配者は健全でなければ繁栄することができず、他方、支配される者が健やかでなければ支配者も健全ではいられない。もし被支配者が支配者の権利を実現させると同時に、支配者が被支配者の権利を実現するならば、権利は彼らの間で栄誉となり、教えの道は確立され、公正さの徴は堅固となり、スンナは広められていくであろう。

このように時は事態を好転させ、政府が永続することが期待され、敵の望みは頓挫するであろう。しかし、もしも臣民が支配者を征服したり、支配者が臣民を抑圧したりするならば、さまざまな主張が飛び交い、抑圧の兆候があらわれ、宗教に腐敗がはびこり、スンナの目的が放棄される。そして勝手な欲望がみなぎり、教義が打ち捨てられ、精神の病は限りなく増殖し、重大な権利が損なわれたり、大罪が犯されることになんの苦痛も感じなくなる。このような状況においては、敬神の念は嫌悪される一方、悪徳に栄誉がもたらされる結果、アッラーの大いなる懲罰が下されることになる。

したがって君たちはその点に関して互いに協議し、協力すべきである。たとえ神がご満悦なさることを熱望し、そのために行動する際にかなり長期にわたり努力を続けたとしても、誰一人としていいと高きアッラーが望むようなかたちで義務を果たすことにはならない。しかしアッラーが人々に課した必須の義務は、彼らが能力を十分活かして互いに助言し合い、自分たちの間に真理を確立するために協力することである。」（第二百七の説教）

最後に本書の刊行に当たって、ご支援、ご高配いただいた在日本イラン・イスラーム共和国大使館、セイイッド・アッバース・アラーグチー前大使閣下、ならびにレザー・ナザルアーハーリー大使閣下に心より感謝申し上げると共に、本書の刊行にご尽力をいただいた書肆心水社長清藤洋氏に謝意を表する次第である。

二〇一七年十月

雄弁の道《ナフジュ＝ル＝バラーガ》

アリー説教集

第一の説教

＊天と地、ならびにアーダム（アダム）の創造について語られる

讃えあれアッラー、言葉によって賞嘆し尽くすことが叶わず、数を用いて恩恵を数え尽くすこともならず、精魂こめて尽力する者もその正当な求めに応えることができず、いかに高邁な知的熟慮も、深遠な理解力もその姿を捉えきれることのないような御方にして、どのような形容も描き尽くせず、十分な称讃も存在せず、時間や持続の物差しでは測ることの叶わぬような御方。その万能の力によって万物を創造し、その恩恵によって風を吹きわたらせ、大地を硬い岩石で固められた御方。

宗教の第一は、彼を知ることである。そして彼についての知の完成は、彼を正しいとすることであり、彼の正しさの完成は、その唯一性の確信である。また彼の唯一性の確信の完成は、その純粋性の認識である。彼の純粋性は、彼にいかなる属性も認めない。なぜならばなんらかの属性を認めることは、その属性がそれによって形容されるものと異なり、また属性によって形容されるものを認めることは、それが属性そのものと異なることを意味するからである。

そして至高のアッラーに属性を付与する者は、アッラーに似たものを認める者であ

※下段の注釈と上段本文に挿入の〔　〕は訳注

り、彼に似たものを認める者は、その二者性を容認することになり、そうする者は彼を細分化することになり、そうする者は彼を見誤る。そして彼を指さす者は、彼を限定し、彼を限定する者は、彼を数え上げることになる。そして彼がなんの中にあるかと問う者は、彼をなにものかに閉じ込め、なんの上にあるかと問う者は、なんの上にもないことを知る。

＊宇宙の創造について

その存在は生起によるものではなく、無から存在した訳でもない。彼は万物と共にあるが、物理的隣接によるものではない。またすべてのものと異なるが、分離している訳ではない。彼は行為を行うが、運動とか道具のような意味においてではない。そして被造物に見えるものがない場合でも、視力を用いる。彼は共に過ごすものがなく、それが不在であることにいかなる不満もないまま、唯一の存在である。

彼は創造を行い、それを開始したが、とりわけ深く配慮した訳でもなく、経験にすがったりせず、特に新たな運動を創り出したり、心痛に悩んだりした訳でもない。ものみな皆に時間を割り当て、異なったものをまとめ上げ、特別な性質を与え、さまざまな姿かたちを与えたが、仕事を始める前にそれらについて熟知し、その範囲、限界について、ないしは特徴、複雑さについても完全に弁えていた。

至高のアッラーは空間を切り拓き、それを押し広げ、空気に場所を与えた後にそこに水を流したが、その荒れ狂う波頭は互いに揉み合い、それは激しい強風、荒々しい台風にぶつかった。そこで風が水を押し戻すように命じ、水の勢いを抑えつけ、それぞれの領分が定まった。風は下から吹き荒れ、水は風の上で逆巻いた。

次いで至高のアッラーは風を創り、その勢いを抑え、力を一定にしたが、その動きは強く、遠く遥かに広まった。そして風に海を波立たせ、大洋に大波を起こさせるよう命じた。そこで風は乳を凝縮させるように水を掻き混ぜて、力強く空一面に吹き上げ、最初の泡は最後の泡の上に積み重なり、静かな層ができ上がったが、それらは盛り上がり、表面は泡で一杯だった。

それからアッラーはその泡を大空一面に引き上げ、それをならして七つの天を創った。そして低いものは波状にしつらえ、高みのものは下を保護する天井のようにし、支える柱もなく、固定する釘一本もないような高い建造物にした。次いで星や流れ星の光でそれを飾り、回転する天球、移動する蒼穹、運動する大空の中に光り輝く太陽、静かに光る月を備えた。

＊天使の創造について

それからアッラーは高みの天の間に空間を設け、そこをさまざまな天使たちで満たした。彼らのある者は平伏したままで顔を上げようとせず、他の者は膝を曲げたまま立ち上がろうとしない。また他の者は互いに整列して座を崩そうとはせず、アッラーを讃えて、倦むことがない。眼に宿る眠りも、知力の乱れも、身体の疲れも、物忘れの過ちも、彼らの身に振りかかることはない。

彼らのある者はアッラーの啓示の忠実な守り手であり、預言者たちにその言葉を伝え、さまざまな職責を果たす。彼らはアッラーの下僕たちを護り、天国の楽園の門々の護衛の役を果たしている。彼らのある者の足は低い大地の上に着いているが、その首は高い天にまで伸びている。彼らの手足は八方に伸び、その肩は神の玉座の形にふさわしい。その眼差しは玉座の手前に注がれ、彼らの翼はその下に広げられており、彼らとその余の者たちの間には名誉の覆いと権威の垂れ幕が張りめぐらされている。

彼らはその主について、姿かたちで慮ることをせず、創られたものの属性を与えることもなく、場所で限定せず、類似のもので指示することもしない。

＊アーダムの創造の仔細について

アッラーは固い土、あるいは柔らかい土、甘い土、酸っぱい土から粘土を取り出して水に浸し、それを混じりけのないものにしてからそれに湿気を混ぜて捏ね、反り返ったかたちや節々を持つもの、手足やその他の部分で一つの形を創った。それを固めて形を整え、一定の時間、適当な期間乾かして、それを固定させた。

次いでそれに精神を吹き込むと、それは人間の姿をとったが、彼は自らを統治する心ばかりでなく、活用する知力、役立てる手足、地位を改善する器官、真と偽りを見きわめ、味や色、異なった種類のものを認知する賢明さを備え持っていた。彼はさまざまな色彩の粘土、互いに調和する材料、その他暑さ、寒さ、柔らかさ、硬さ、不快なもの、喜ばしいものといった数々の対立するもの、異なった混ぜものからでき上がっていた。

それからいと高きアッラーは天使たちに彼らと交わした約束、誓約の履行を求め、自分に平伏し、自らを讃えて臣従するよう命じて、次のように述べた。「アーダムに向かって平伏せよ。するとイブリース（悪魔）を除いて皆の者が平伏した。」〔クルアーン二章三四節、七章一一節、一七章六一節、一八章五〇節、二〇章一一六節〕

自負の思いがイブリースを捉え、悪心が彼に打ち勝ったのである。彼は自分が火で創られているのを誇りに思い、土でできたものを蔑《さげす》んだのである。そこでアッラーはその怒りが実現して、災厄が完成し、約束が果たされるまで猶予を与えられ、こういった。「お前は定めの時まで猶予を与えられた者だ。」〔クルアーン一五章三八、三八章八一節〕

いと高きアッラーはアーダムを、楽しい生活を送り、安全が保たれているような家に住まわせ、イブリースとその悪意に注意するよう諭した。しかし彼の敵は楽園に住み、徳ある人々と親しむアーダムに激しい妬みを覚えた。そのために彼は確信を迷いと、決断を躊躇と取り違え、幸福を恐れに、威信を恥に取り換える始末となった。そこで至高のアッラーはアーダムに悔い改めの機会を与え、彼にその恵みの言葉を教え、天国への帰還を約束した後に、彼を試練の場であり、子孫を生み出すための下界に送り出した。

＊アッラーが預言者たちを選び出したことについて

アッラーはアーダムの子孫から預言者たちを選び出し、自分の啓示に対して彼らに誓約させ、それを伝えることを彼らの任務とした。ところで多くの人々はアッラーが彼らに与えた約束を変質させ、その真の姿を忘れて、似通った存在を受け入れるようになっていた。悪魔たちは彼らを神の認識から遠ざけ、神への信仰から切り離した。

そこでアッラーは彼らのもとに御使いたち、一連の預言者を遣わし、創造の際の誓約を実行させ、その恩恵を思い起こさせ、宣教を通じて人々を導き、秘められた知を明らかにし、彼らにその能力の徴を示そうとした。そのような徴としてアッラーは、彼らの上に高々と広がる空を示し、下に広がる大地には彼らの糧となる糧食、彼らを無に帰せしめる死、老いさせる病、うち続くさまざまな事件を用意した。

そしてアッラーは自らの創造に預言者を遣わし、聖なる書を下し、正しい議論、確固とした論証を欠かすことはなかった。また御使いたちに関しては、その数が少なすぎることはなく、また多すぎて法螺吹きどもが出回るということもなかった。彼らの中には後に続く者の名を告げる者もいれば、先人にその名を告げられ後に続く者もいた。

＊ムハンマドの預言者性について

このようにして時は流れ、世紀は移り変わった。そして父たちは他界し、息子たちが後を継いだが、その後、至高のアッラーはその御使いムハンマド――彼とその一族に祝福あれ――を遣わし、その約束を実行させ、彼の預言者性を完成しようとされた。彼の誓約はさまざまな預言者たちから受け継がれたものであり、彼の性格的な特徴は世にも名高く、その生まれも高貴なものであった。

当時地上に住まう人々の考えはさまざまに分裂し、それぞれの思惑はばらばらで、狙いもまちまちであった。ある者たちはその創造ゆえにアッラーを崇めるが、他の者たちはその名を作り変えたり、他の神に宗旨替えしたりする始末であった。そこでアッラーは、ムハンマドを介して人々を誤りの道から引き戻し、彼の努力によって彼らを無知から解放した。

次いで至高のアッラーは、ムハンマド――彼とその一族に祝福あれ――を選んで、その近さを愛でて直々に出会うことを望まれた。彼は現世の住処に留まるには余りにも尊く、それゆえそのような試練の場から遠ざけようと願ったのである。そこでアッラーは彼を讃え、自分の身近に招き寄せたのである。ただし預言者は、他の預言者たちが他の人々に残したものに等しいものを、君たちの間に残したのである。預言者たちは、明らかな道、確かな徴を示さずに人々を放置することはないのである。

彼は君たちの主の聖なる書を残したが、それは許されたことと禁じられたこと、義務的なことと優れた行い、廃棄することと廃棄されること、許されることと強制的なこと、特殊なことと一般的なこと、教訓と例示、長い説明と短い説明、明快なものと曖昧なもの、省略した個所を説明するものと、曖昧な個所を明らかにするものが示されている。それらの中にはそれを知っていることが義務的なもの、人々が知らなくとも許されるものがある。

また聖典の中では義務的であるように思われるが、預言者のスンナによれば廃棄されるもの、ないしはスンナに基づけば義務的であるが、聖典がそれを認めていないようなものもある。さらにはある時には義務的であるが、後にはそうでないものもある。禁止されるものにもさまざまあり、とりわけ大きなものには地獄の劫火の恐れがあるが、小さなものには赦しが期待される。また少しの場合には（アッラーに）受け入れられるが、大きく広がる可能性のあるものもある。

＊巡礼に関して

アッラーは君たちに対して聖なる家への巡礼を義務づけている。その場所は、家畜や鳩が水場に向かうように、人間が祈りを捧げる基本的な方角なのである。そして至高のアッラーはそれを、彼の偉大さに対する人々の懇願、その威厳に対する彼らの承認の徴とした。そして彼は自分の創造した者から彼の呼びかけに応え、その言葉を信じた者たちを選んだが、彼らは預言者の地位につき、神の玉座の周りをめぐり、敬神の行為がもたらすすべての利得を保持し続け、神の約束した赦しに向かって急ぎ足で赴く天使たちのような存在となった。

そして至大、至高のアッラーは、それ（聖なる家）をイスラームの徴とし、そちらに顔を向ける者たちにとって神聖なものとした。彼はそこへの巡礼を命じ、義務的なものとして、君たちが必ずそれを行うよう定めている。至高のアッラーはこう述べている。「アッラーはそれが可能な人々に対して聖なる家への巡礼を命じている。これを拒む者どもは、アッラーがこの世になに一つ負うものがないことを知れ。」〔クルアーン三章九七節〕

第二の説教

＊スィッフィーン▽から帰還する際の説教

讃えあれアッラー、その恩恵の完成を求め、その威厳にひれ伏し、そしてアッラーに対する背信から免れることを希って。そのみなぎる力による助力を請い求めん。その導き給う者には道を誤らせず、敵対する者は保護を期待しえず、助けを仰ぐ者は困窮する

▽スィッフィーンの戦い　六五七年（西暦／以下同様）、殺害された第三代目カリフ、ウスマーンの後任として選ばれたアリーと、それを認めず、ウスマーンの血の復讐を唱えたシリア総督ムアーウィヤ（訳注後出三九頁）との戦い。アリーは勝利を目前にムアーウィヤの停戦の申し出を受け入れたが、後に、ムアーウィヤに陥れられることとなる。

ことのない御方。また最も重い敬意に値し、最も価値ある称讃にふさわしい御方。

私は証言する。アッラー以外に神はなく、彼に類する者は一人としていない。この証言は真の誠実さによって試されており、その正しさは確証済みであって、われらはこの世にある限りこれを手放さず、いかなる困難に出会ってもこれを守り通さずにはいない。なぜならばこれは信仰の礎石であり、善行の出発点であって、神聖なる喜びにして、悪魔を遠ざける手段なのだから。

また私は証言する。ムハンマドはアッラーの下僕にしてその御使いであり、神は彼を名だたる教え、神与の知、明記された聖典（天の聖板）、燦々たる光、輝かしい煌めき、確たる命令と共に遣わされたが、それは疑いを晴らし、明らかな証拠を提示し、さまざまな徴によって警告を与え、処罰の惧れを知らしめるためである。

その当時人々は悪に染まり、信仰の絆は切り刻まれ、確信の柱は揺れ動き、原則は守られず、規則はすたれ、出口は狭まり、通路には見通しがなく、正しい導きは見失われ、あたりは暗闇に覆われていた。そしてアッラーは見捨てられ、悪魔たちが勢いをえて、信仰が忘れ去られた結果、その柱は倒れ落ち、その徴は消え失せ、その通路は破壊され、街路は寂れ果てた。人々は悪魔に服従し、彼に付き従い、その水場から水を飲み、彼らの間には悪魔の印がはためき、その軍旗が高々と掲げられた。悪のただ中で人々は、爪先立ちした悪魔の足の蹄に踏みつけられた。そのような状況にあって彼らは道に迷い、深く困惑し、無知の状態のまま、誘惑されて良い家（メッカ）に住まい、悪い隣人に囲まれている（クライシュ族▽の不信者）と思い込んでいるようなありさまであった。

彼らは眠るに眠られず、目を飾るクフル▽は涙であった。その地では賢人は口をつぐんだままで、無知な者が崇められた。

＊預言者とその一族――彼とその一族に祝福あれ――について

彼らはアッラーの秘密の保管者であり、彼に関する事柄の知の隠し場、その知の源、その叡智の中心、その諸聖典の谷間にしてその教えの山並みである。彼らを通じてアッラーはその教えの背の曲がりを伸ばし、その四肢の震えを取り払い給う。

＊偽信者について

彼らは悪の種子を植え、虚偽の水をまき、破滅の実を手にするが、これらの民の誰一人としてムハンマド――彼とその一族に祝福あれ――とその一族の者と対等と見なされることはなく、彼らに恵みを仰ぐ者は誰も彼らに比せられることはない。彼らは宗教の礎、信仰の柱であり、先に進む者は彼らの許に引き返し、後に続く者は彼らに追いつこうと試みる。彼らはアッラーの代理人にふさわしい特質を備えており、彼らの内には（預言者の）意思と継続の徴がある。いまや権利はそれに値する一族の許に帰し、それ

▽クライシュ族
イスラーム勃興以前からメッカを治めていた有力部族。預言者ムハンマドの出身部族であるが、少数者を除いてはイスラームを受け入れず、マディーナにイスラーム勢と戦闘を交えるが、壊滅するには至らず、六三〇年、預言者ムハンマドのメッカ帰還を受け入れ、イスラームに入信する。

▽クフル
伝統的な化粧品のアイライナー。

にふさわしい場に戻された。

第三の説教

＊アッ＝シャクシャキーヤとして知られる説教

神かけて、ある者（アブー・バクル▽）がそれ（カリフの地位▽）を身にまとったが、彼はそれに対する私の立場が、水車にとっての軸のようなものであることを知っている。私の身からほとばしる水が流れ落ち、私の許にまで鳥も飛んでくることができない。私はそれ（カリフの地位）に覆いをかけ、それから遠ざかった。そして攻撃に出るか、目をつむって暗闇に耐えるか考えをめぐらせた。そのような状況において成人は生気を失い、若者は年老い、信者は主にめぐり合うまで（死ぬまで）苦しみ働いているが。

しかし私はこの場合、忍耐こそがふさわしいと思い、目には埃が入り、喉は詰まったが、ただ耐え忍んだ。この間私の遺産は奪い去られ、初代（アブー・バクル）はその道を歩み去り、その後を別の者（ウマル▽）が継いだ。

＊アル＝アアシャー▽の詩の引用とそれに続く言葉

▽アブー・バクル
預言者の没後、初代カリフとなる（在位六三二年～六三四年）。

▽カリフ
「アッラーの御使いの代理人」の意。預言者が他界すると、イスラーム共同体の内部で、誰をその後継者とするかという問題が生じた。アリーとその他数名の教友不在の中、アブー・バクルが初代カリフに選出されるが、他方、預言者が生前アリーを後継指名したとし、彼を支持する者もいた。前者の支持者は多数派のスンニー派、後者はシーア派となった。

▽ウマル・イブヌ＝ル＝ハッターブ
第二代カリフ（在位六

駱駝の背で私の日々は長々と続けられるが　時には
▽ジャービルの兄弟　▽ハイヤーンとの楽しい出会いもある

驚いたことに、生きている間にはカリフの座を離れようとしながら、死後のあの世でもそれに就こうとする。疑いもなくこれらの二つは、両の乳房を互いに分け合っているのである。このような者はカリフの地位を堅い護りの中におき、言葉は荒々しく、あたりも粗野で、過ちは数多く、それについての弁解も限りがなかった。

これに関わる者は御し難い駱駝の乗り手のようなものであり、手綱を強く引けば鼻が裂け、緩めれば振り落とされる。それゆえアッラーの命により、人々は軽率さ、不道徳、移り気、調子外れの餌食となる。

私は長い間、激しい試練を耐え抜いた。そして彼は他界し、カリフの問題を一団の者の手に委ね、私もその中の一人に加えられた。だがアッラーよ、このような協議をどうすればよいというのだ。これらのグループの最初の人物をめぐって私に疑いが寄せられ、私は彼らと同列におかれることになった。しかし彼らが身を低くしている間は、私も身を低くし、高く舞い上がる時には舞い上がった。彼らのある者は憎しみのゆえに私に逆らい、他の者は義理の親族関係のゆえに違った態度を取る等々さまざまであった。

次いで彼らの三番目の者が動物の糞と餌の間に大きく胸を広げながら立ち上がり、同時に彼の父（▽ムアーウィヤ）の一族の面々が立ち上がった。彼らは春の牧草を食い尽く

三四年〜六四四年）。在任中にイスラームの版図は飛躍的な発展をとげる。税制の確立、都市建設、裁判官職の創設、聖典クルアーンの編纂、宗教儀礼の確定等を行い、イスラーム共同体の基盤を整えた。

▽ハイヤーンは、ハニーファ一族の首長、かつ軍隊長。▽ジャービルはハイヤーンの弟に当たり、▽アル＝アアシャーとは親友の関係にある。

▽ムアーウィヤ・イブン・アビー・スフヤーン　ウマイヤ家出身で、アブー・スフヤーンの息子。アリーの第四代カリフ就任を受け入れず、シリアの総督として権力を拡大し、アリーがハワーリジュ派

す駱駝のようにアッラーの富をたらふく食らい、つなぎ紐は断ち切れ、身動きもできず、食い過ぎで腹を地に引きずる始末なのである。

その時突然一群の人々が、ハイエナの群れのように八方から群がってやってきて、羊の群れのように私を取り囲み、ハサン、フセインの二人の息子を踏みつけにし、私の外衣は引きちぎられた。そして私が政権の座に就くと、ある者たちは離反し、他の者は反抗し、残りの者たちは至高のアッラーの言葉を耳にしたことがないように悪行を行った。「来世のそのような住処をわれらは、現世の栄達を求めず、それを損なうこともしない者たちのものとしよう。良い結果は信仰篤き者たちのものである。」〔クルアーン二八章八三節〕

神かけて彼らは、この言葉を耳にし、それを理解したはずだ。しかし彼らの眼には現世が輝かしいものと映じ、その栄華が彼らを惑わせた。種子を二つに割って（育て）、生あるものを創り上げた御方にかけて、もしも人々が私の許を訪れず、神との誓約の存在について論証せず、不正を行う者の飽食、虐げられた者の飢餓を容認しないよう、アッラーが知恵ある人々に教えていなかったならば、私はカリフの絆をその肩の上に投げかけ、その終わりを始め同様に取り扱ったことであろう。そして君たちは、私にとって、君たちのこの現世が山羊のくしゃみ程のものでもないことを知るであろう。

次のようなことがいわれている。信者たちの長の説教がここのところまで来ると、一

（訳注後出八三頁）に暗殺されると、ウマイヤ朝を打ち立て初代カリフとなった（在位六六一年〜六八〇年）。

人のイラク出身の男が立ち上がり、彼にある書きものを手渡した。信者たちの長がそれを手にして読み終わると、イブン・アッバース▽がいった。「信者たちの長よ、貴方がおやめになったところから、説教を続けて下さい。」すると彼はいった。

「イブン・アッバースよ、それは口からあふれ出ておさまる駱駝の泡のようなものだ。」

そこでイブン・アッバースはいった。「私はこんな言葉を口にしたことほど自分の発言を悔んだことはない。信者たちの長――彼に平安あれ――は、自分の望むように説教を終えることができなかったのだから。」

アッ＝サイイドッ＝ラディー▽はこう付け加えている。「この説教の中の〈御し難い駱駝の乗り手のようなものであり、手綱を強く引けば鼻が裂け、緩めれば振り落とされる〉という表現は、次のような意味である。つまり手綱を強く引き締めれば、頭に強い力がかかって鼻を傷つけることになり、御し難いにもかかわらずそれを少しでも緩めれば、姿勢を崩して操ることができなくなるという意味である。アシュナカン＝ナーカという表現は、乗り手が駱駝の手綱を引いて頭を上げさせる場合に用いられ、同じ意味でシャナカハーという表現も用いられる。この点については（有名な文法家）イブヌッ＝シッキートが、イスラーフ＝ル＝マンティクで指摘している。

▽アブドッラーフ・イブン・アッバース
アル＝アッバース（訳注後出四三頁）の息子。預言者の従弟で、アリーの治政を支えたが、聖典クルアーンの注釈者としての学問的功績が高く評価されている。（六八八年頃没）

▽アッ＝サイイドッ＝ラディー
本書『雄弁の道』の編纂者。両親共に預言者の血を引く。アッバース朝のバクダード、政治・学問の名家に生まれる。幼少期より学才に優れ、中でも詩の才能に長けていた。（九七〇年生～一〇一五年没）

信者たちの長は、アシュナカハーという代わりにアシュナカ・ラハーという表現を用いているが、これはアシュラサ・ラハーといういい方と語呂を合わせるためである。」

第四の説教

われらの手によって君たちは暗闇の中を正しく導かれ、高い地位を保ち、暗い夜から夜明けを迎えることができた。叫び声を聞かない耳は聾《つんぼ》になるが、（クルアーンや預言者の）声高な叫びが耳に入らない者に、（私の）秘かな呼び声が聞き取れるであろうか。（アッラーを畏れて）動悸に揺れ動く心の静まらんことを。

私はいつも、君たちから裏切りの結果を耳にすることを気遣い、君たちに見えるときは虚偽の衣をまとわせた。宗教の覆いは君たちから私の姿を覆い隠したが、正しい意図が君たちの真の姿を私に明かしてくれた。

君たちが一人の導き手もなく、土を掘っても水も出ないような状況で互いに出会ったならば、数多い迷いの道の中で私は、君たちのために真理の道を歩むであろう。今日私は君たちに耳慣れないが、明らかな証拠を持つ話をしよう。私の意見に異論をさしはさむ者は、道を誤ることになるであろう。私は真理が示されてこの方、それを疑うことがなかった。ムーサー（モーセ）——彼に平安あれ——は、自分自身について恐れを抱いたことはなく、彼が怖れたのは無知な者たちが勢いを得、誤った道が示されることであった。いまやわれわれは、真理と誤りの分かれ道にある。しかし水を得ることが確かな者は、渇きを覚えることがない。

第五の説教

＊アッラーの御使い――彼とその一族に祝福あれ――が他界し、アル＝アッバース・イブン・アブド＝ル＝ムッタリブ▽とアブー・スフヤーン・イブン・ハルブ▽が信者たちの長――彼に平安あれ――に忠誠の誓いを行った際の説教

おお人々よ、災いの大波を救いの船で乗り越え、不和の道から遠ざかり、誇りの冠を投げ捨てよ。

（真の力をもって）翼と共に立ち上がる者は栄誉を授かる。さもなくば平和を求め、他人にも安寧を授けよ。それ（カリフの地位を追い求めること）は泥水か、飲み込めば喉を詰まらせるような食い物のようなもの。熟する前に実を摘み取ることは、他人の土地を耕すようなもの。

もしも私が声を上げれば、人々はいうであろう。彼は権力の虜だと。しかしもしも黙れば、いうであろう。彼は死を怖れている。さまざまな苦難を経た後でなんということだ。神かけて、このアブー・ターリブの息子は、母親の乳房にすがる赤子よりも死に親

▽アル＝アッバース・イブン・アブド＝ル＝ムッタリブ

預言者ムハンマド、ならびにアリーの伯父。アッバース朝のカリフたちは彼の後裔。（六五四年頃没）

▽アブー・スフヤーン・イブン・ハルブ

メッカの豪商にしてメッカ軍の指揮官。バドルの戦い（六二四年）、ウフドの戦い（六二五年）、ハンダクの戦い（六二七年）において預言者ムハンマド率いるイスラーム勢と戦ったが壊滅することはできなかった。ムハンマドのメッカ入城を無血に終えた後、イスラームに改宗し、預言者の信頼を得る。（六五一年頃没）

しんでいる。私には秘められた知が授けられている。もしもそれを明らかにすれば、君たちは深い井戸の大綱のように震え上がることだろう。

第六の説教

＊タルハ▽とアッ＝ズバイル▽を追い詰め、彼らに戦いを挑まないよう告げられた際に

神かけて私は、追い求める者が見つけ出し、狙った者の手に入るまで長々と誘いの音を聞きながら寝たふりをしている穴熊のような者ではない。私は死が訪れるまで、真理を追い求める者の助けを借りて、それから遠ざかる者と戦い、私に付き従う者と共に、罪深く、疑いを寄せる者どもを打ち倒す。神かけて私は、アッラーが預言者――彼とその一族に祝福あれ――を召されてこの方、今日この日に至るまで、久しく私の権利から遠ざけられてきた。

第七の説教

＊偽信者について

▽タルハ・イブン・ウバイドッラー
第三代カリフ、ウスマーンが暗殺された後、アッ＝ズバイルと共に、アリーに対し忠誠の誓いを立てた。後に翻意し、アリーと敵対するが、駱駝の戦い(六五六年)において戦死。

▽アッ＝ズバイル・イブン・アル＝アウワーム
タルハと共に駱駝の戦いにおいてアリーと戦うが、アリーの助言を受け入れ軍を撤退する最中に、それを不服とする者に殺害された。

人々は悪魔を自分たちの問題の主とし、また悪魔は彼らをその仲間とした。彼は卵を孕《はら》み、人々の胸の中でそれを孵《かえ》した。彼は人々の膝の中で這いずり回り、彼らの目でものを見、彼らの舌でものをいった。このようにして悪魔は彼らを罪に導き、彼らに偽りの飾り物を与えた。悪魔が自分の支配下で仲間とし、自分の舌で偽りを語らせた者の行いによって。

第八の説教

*アッ＝ズバイルをめぐって

彼は自らの手で私に忠誠の誓いを果たしたと思い込んでいるが、心からそうした訳ではない。

彼は確かに忠誠の誓いを認めている。ただし心に秘められたものについては、確かなものを示す必要がある。さもなければ自分の出てきた場所に立ち戻らざるをえない。

第九の説教

*駱駝の戦い▽に加担した者の臆病さについて

▽駱駝の戦い
六五六年、アリーがカリフに就くと、それに反対するアーイシャ（預言者ムハンマドの未亡人）と、いったんはアリーに忠誠の誓いを立てたタルハやアッ＝ズバイルが挑んだ戦い。アリーが勝利を収める。

彼らは雷を轟《とどろ》かせ、稲妻でこけ脅しをする。それにもかかわらず失敗する始末だ。われわれの場合、敵を襲ってから雷をならし、雨を降らせてから水を流す。

第十の説教

＊タルハとアッ＝ズバイルについて

よいか、悪魔はその一党を引き連れ、騎兵、歩兵を呼び集めた。ただし私には自分の聡明さがついている。私は自分を偽ったことはないし、騙されたこともない。神かけて、水の汲み手である私は、彼らの水槽に水をあふれさせることはない。彼らはそこから立ち去ることもできず、そこに戻ることもできない。

第十一の説教

＊駱駝の戦いにおいて、息子のムハンマド・イブヌ＝ル＝ハナフィーヤ▽に軍旗を手渡した時の説教

▽ムハンマド・イブヌ＝ル＝ハナフィーヤ
アリーの妻、ファーティマ（預言者ムハンマ

山並みにしても場を移すが、お前は自分の持ち場を離れてはならない。歯を食いしばって、頭をアッラーに預け（神を頼みにして）、しっかりと足で大地を踏みしめるのだ。視線は遠くの敵に向け、目をつむる（敵の数など問題にしない）こと。勝利は至高のアッラーの御手からもたらされることを知れ。

第十二の説教

アッラーが駱駝の戦いのともがらに対して信者たちの長に勝利を与えた際に、友軍の中のある者がいった。「自分の兄弟の誰それがわれわれの姿を目撃しており、アッラーが敵に対して貴方を勝利させたことを証言することを願います。」すると信者たちの長――彼に平安あれ――は尋ねた。「君の兄弟は私の味方か。」彼が「その通りです。」と答えると、彼はいった。

「われらのこの軍勢には、未だに男たちの腰、女たちの子宮の中にいる者たちまでもがわれわれの姿を目撃している。時を待たずに彼らもまた生まれ来て、人々の信仰心を強めずにはいないであろう。」

ドの娘）が他界した後に結婚したハウラとの間に生まれた息子。（七〇〇年頃没）

第十三の説教

＊駱駝の戦いのともがらを非難して

お前たちは女の軍勢で、四足（駱駝）に付き従う者だ。それが不平を洩らすとそれに応え、頸《くび》を切られれば逃げ出す始末だ。お前たちの性質は卑しく、誓いは壊れ去り、信仰は偽物で、水は塩辛い。お前たちと共にいる者どもは罪を背負い、見捨てる者は主の慈悲を賜ることになる。私の見るところお前たちのモスクは艀《はしけ》の甲板のよう。上や下からアッラーが懲罰をまき散らし、乗り込んだ者は溺れるのが定めだ。

＊別の伝承

神かけてお前たちの町は、洪水に見舞われずにはいないだろう。そのさまは私の目には、そのモスクはさながら艀の舳先《へさき》か、うずくまった駝鳥のようにみえる。

＊別の伝承

さながら大海を飛ぶ一羽の鳥の胸元のようだ。

第十四の説教

＊同じような状況においての説教

お前たちの土地は水に近く、空からは遠い。お前たちの知性は低俗で、心は愚かさに満ちあふれている。お前たちは弓射る者の標的で、貪り食らう者の餌食、狩人にとっての絶好の獲物だ。

第十五の説教

＊ウスマーン▽の封土をムスリムのために取り返した問題をめぐって

神かけて、もしもそのような金で女性との結婚がなされ、奴婢が買われたと知ったなら、私はそれを取り戻すであろう。なぜならば公正を果たすには広がりがある。公正を果たすことが窮屈（困難）な者にとって、不正に対処することはさらに困難なのである。

▽ウスマーン・イブン・アッファーン
第三代カリフ（在位六四四年〜六五六年）。ウマイヤ家の裕福な商人で預言者ムハンマドの娘婿。彼の治政に不満を抱く暴徒によって殺害されたが、それを命じたのがアリーではないかとの疑いがかけられ、それは駱駝の戦いへとつながっていく。

第十六の説教

＊マディーナにおいて忠誠の誓いを受けた際に

私が口にすることの責任は保障されており、私はそれを行う力を持っている。さまざまな経験から（神が人々に与えた）過去の懲罰について学び取った者に対しては、敬神の思いが疑惑に陥ることを防いでくれる。よいか、アッラーが預言者――彼とその一族に祝福あれ――を遣わされた時代に存在していたものと同じ災厄が、再び君たちの許に立ち戻ってきている。

真理と共に預言者を遣わされた御方にかけて、君たちは大いに過ちを犯し、判断を誤り、鍋の中でなにもかも混ぜ合わせられた結果、高貴な者が賤しめられ、賤しい者が崇められ、後ろを歩んでいた者が前を行き、前を歩んでいた者が後ろを行く始末となった。神かけて私は、ただの一言も包み隠すことはせず、ただの一度も嘘をついたことはない。またこのことについても、その時期についてもすでに聞き及んでいる。

よいか、過ちとは御し難い馬のようなもので、人々はそれに乗り、手綱が緩んで、馬もろとも地獄に落ちることになる。よいか、敬神の念とは飼いならされた馬のようで、それに乗る人々は手綱を握りしめ、天国に導かれる。この世には真理と虚偽があるが、それぞれそれに付き従う者がいる。ところで虚偽が優位を占めるとするならば、昔はいつもそのようであった。また真理が力を失うとすれば、これもまた多くの場合そのような状態であった。後ろを行く者が前を行くようになることは、稀なことなのである。

アッ＝サイイドッ＝ラディーは次のように述べている。「この短い言葉には、称讃されえないほどの美しさが含まれており、これ以上望まれないような驚きが込められている。われわれが述べた以上の、筆舌に尽くし難い文体上の高度な技巧が盛り込まれている。そして私の述べたことは、実際にこの術を習得し、その詳細を弁えた者しか理解しえないであろう。『知ある者しかそれを知ることはない。』〔クルアーン二九章四三節〕」

＊同じ説教から

天国と地獄を視野に入れている者にとっては、それ以外に気を配る余地がない。素早く努力する者は成功し、ゆっくりと求める者にも希望は残されている。しかし努力の足りない者は地獄が待ち構えている。

右や左に迷いの道があり、真ん中の道だけが正道で、そこに聖典や預言者の教えが示されている。それはスンナの源であり、最後に帰着するのもまたそれである。

（それ以外のものを）求める者は滅亡し、偽りを企む者は裏切られ、その顔を真理に背ける者は破滅する。人が己の定めを弁えぬためには、無知だけで十分だ。敬神の念にしっかりと根を張る者に破滅は訪れず、それを耕す人々は渇きを知ることはない。君たちは家に身を隠し、自分自身の鍛錬に努めることだ。君たちの後ろには悔い改めがある。自らの主のみを讃え、自分だけを責めることだ。

第十七の説教

＊人々の問題の裁定に専念するが、実はそれにふさわしくない人物について

アッラーにとって最も忌わしい人物には、二種類がある。一人は自分自身の問題にかまけ、正しい道から逸れ、努めて作りごとを口にし、人々を迷いの道に誘う。それゆえこのような有害な者は、彼に魅せられた者にとっても有害であり、彼以前の人々の正しい導きをも誤らせ、彼に付き従った者の現世、来世を迷わせ、自分の過ちの担保として、他人の過ちの重みまでも担うことになる。

いま一人は無知をわがものとし、無知な人々と好んで交わりを結び、過ちの暗闇を走り回り、平安がもたらすものに盲いている。人間のようななりをした者どもがこのような者を知恵者と呼んだが、実際はそうではない。彼は朝早くに起きて、沢山あればある程価値のないものを掻き集め、汚れた水で渇きを癒し、役立たずの宝で膨れ上がる。彼

は裁判官面をして、他人が困っている問題を解決してやろうと待ち構えている。そしてなにか難しい問題が持ち出されると、好き勝手で根拠もない、役立たずの見解を提示し、それこそが正しいといい張る。このように彼は蜘蛛の巣に取り巻かれるように疑いの衣を身にまとい、自分が正しいのか、誤っているのかも解らないような状態である。自分が正しい場合でも間違っていまいかと疑いを持ち、誤っている場合には自分が正しいと空望みをする。彼は無知そのもので無知の中をさ迷い進み、乗り物を暗闇の中でめくら滅法に乗りまわし、知をしっかりと嚙みしめて正確に捉えようとせず、風が乾いた木の葉を吹き散らすように伝承をまき散らす。神かけて彼には、持ち込まれた問題を解決する能力がなく、それにふさわしい人物でもない。彼は知らないものを知るに値しないと見なし、自分の知の及ばないものを他人が知っていることを認めようとはしない。そして自分にとってはっきりしないことがあれば、それをひた隠しにするが、それは彼が自分の無知について良く弁えているためである。失われた命は彼の不正な裁定を恨んで叫び声を上げ、取り上げられた財産は声高に彼を非難する。

私はアッラーに対して、無知に生き、迷いの中で死んだ人々について訴える。彼らの間では、正しく読まれた聖典ほど不毛なものはなく、章句の場所が変えられた聖典ほど値段の高いものはない。彼らにとっては美徳ほど悪しきものはなく、悪徳ほど良いものはない。

第十八の説教

＊ウラマーたちの見解の不一致を非難して

ある法的問題の裁定が一人の学者にもたらされ、彼が自分の見解に基づいて裁定を下し、この同じ裁定が別の学者に手渡され、彼はこの問題について異なった裁定を下した。そこで裁判官たちはこの問題をもって彼らに裁定を依頼したイマームの許に集まった。その際にイマームは、すべての見解を正しいと認めると同時に次のように述べた。「ただし彼らの神は一であり、預言者も一人、聖典も一冊である。」至高のアッラーは彼らに意見の不一致を命じ、そこで彼らは彼に服従するというのであろうか。それとも彼らに服従せぬよう命じたため、彼らは反抗するのであろうか。あるいは至高のアッラーは不完全な教えを下し、彼らにそれを完成するよう助力を求めたのであろうか。それとも彼らはアッラーの仲間で、彼らもものいう資格を持ち、神もそれに同意しなければならないというのだろうか。もしくは至高のアッラーは完全な教えを下したが、御使い——彼とその一族に祝福あれ——にそれを十分に伝え教える力がなかったというのだろうか。ところで至高のアッラーは、次のように述べている。「われらは聖典の中でなに一つ蔑《ないがしろ》にしたものはない。」〔クルアーン六章三八節〕またこうもいわれている。「そこにはあらゆる事柄についての明らかな証拠がある。」〔クルアーン一六章八九節〕さらに聖典の一部は、他の正しさを明らかにし、そこにはなに一つ異なった見解はないとも指摘している。またこうも述べられている。「アッラー以外の者から下されたものがあれば、人々は数多くの異なった見解を認めることであろう。」〔クルアーン四章八二節〕まことにクルアーンの言辞は優れたもので、それが含む意味は奥深く、その驚異は消え失せず、驚嘆に値するものは失われることがない。その晦冥さは、それ自体によってしか明かされることがない。

第十九の説教

信者たちの長はクーファ▽の説教壇で説教を行っていたが、その中である言葉を述べた際に、アル＝アシュアスが次のように反論した。「信者たちの長よ、それは貴方のためのものではなく、貴方の立場を損なうものです。」すると彼――彼に平安あれ――はアル＝アシュアスを睨み据えていった。

お前にはなにが私のためであり、なにがそうでないか、どうして解るのか。お前にアッラーと人々の呪いあれ。お前は（イエメン出身の知恵のない）織り手で織り手の息子、似非信者で不信者の息子だ。神かけて、お前は一度は不信の虜となり、二度目にイ

▽クーファ
アリーが陣営を据えたイラク中部の都市で、シーア派の重要拠点。アリーは、クーファのモスクでの礼拝中に、ハワーリジュ派（訳注後出八三頁）の刺客に殺害された。

スラームの虜となった。お前の富や生まれは、どちらもお前を救うことはない。自分の民を剣の危険にさらし、滅亡に導いた者は、近親の者に憎まれ、疎遠な者に信用されなくとも当然のことだ。

アッ＝サイイドッ＝ラディーは次のように述べている。「信者たちの長――彼に平安あれ――は、彼が一度は不信の時代に、いま一度はイスラームの時代に捕らわれたことを指している。また『自分の民を剣の危険にさらし』という表現は、ヤマーマの地▽におけるアル＝アシュアスとハーリド・イブヌ＝ル＝ワリードの関係についての故事を指している。アル＝アシュアスはその際自分の民を騙し、彼らに策略を仕掛けて、ハーリドが彼らに襲いかかるようにした。それ以降人々は彼のことを〈ウルフン＝ナール、地獄の裏切り者〉と呼んだが、これは彼らの間の裏切り者に対する呼称である。」

第二十の説教

＊死とそれから学ぶべき教訓について

君たちはすでに他界した者が見たものを目にするならば、心乱れ、畏れを抱くことであろう。そして耳を澄まし、神を信じる。しかし彼らが目にしたものは、君たちには見

▽ヤマーマの地
アラビア半島の中央部の高原地帯を指し、現在は、サウジアラビア王国の首都リヤドの所在地。

えないが、すぐにその覆いは取り払われるであろう。ただし君たちが見るならばそれは示され、聞くならば聞かされ、教えを受け入れるならば正しく導かれるであろう。
私は君たちに真実を語る。君たちは教訓によって声高に呼びかけられ、警告によって戒められた。天の御使いたち（天使たち）の後で、伝えられるのは（アッラーからの）良き報せのみである。

第二十一の説教

＊この世において身を軽くすることについての忠告

君たちの前には目的がある。君たちの後ろには近づいてくる（審判の）時がある。それゆえ身を軽くし、（先人たちに）付き従うのだ。君たちの最初の者は最後の者を待ち構えている。

アッ＝サイイドッ＝ラディーは次のように述べている。「この言葉は、至大のアッラー、預言者――彼とその一族に祝福あれ――の言葉を除いて、他のあらゆる言葉と比較した場合、類まれな重みがあり、あらゆる点で優れている。〈身を軽くし、付き従え〉という表現に関しては、これより簡潔で、内容のある表現はない。言葉の意味は幅広く、叡智の滴がほとばしっている。われわれは『アル＝ハサーイス』の書の中で、この表現の力強さ、その高貴さについて指摘した。」

第二十二の説教

＊ウスマーン殺害の点で彼を非難する者たちについて

よいか、悪魔は自分の一党をそそのかし、勢力を結集させている。それは圧政を力づけ、過ちに根を生やさせるためだ。神かけて、彼らは私に非難を投げかけることはできず、私と彼らの間に正しい解決をもたらすこともない。彼らは真実を投げ捨ててそれを求め、自分たちが流した血の責めを私に負わせる。もしもこれについて私が彼らの一味であったとしても、彼らにも責任の一半はあるはずだ。もしも私ではなく彼らだけがそれを行ったとすれば、その責は彼らだけにある。彼らの最大の論拠は、彼ら自身にとって不利なもので、乳の涸れた母親に乳を飲ませ、死んでしまった邪《よこしま》な考えを生き返らせようとするようなものだ。それにしてもなんと無様な（戦いへの）呼びかけ人だ。呼びかけられても私には応えようがないではないか。私は彼らに対するアッラーの論拠と、彼らについての神の知り給うことだけで十分だ。彼らが抗うならば、剣の刃で目にもの見せてやろう。悪を懲らしめ、真理を擁護するには、それで十分だ。

私に向かって槍や剣の戦いを挑もうとは、驚いたものだ。嘆き女たちに、彼らを嘆かせるのが落ちだろう。これまで私は戦いに怯《ひる》んだことはなく、合戦に脅えたこともない。断固として自分の主を信じ、自分の宗教に疑念を抱いたこともない。

第二十三の説教

＊嫉妬心を遠ざけ近親者に対して善行を心がけることについて

まことに天の命令は空から大地に向って、雨の滴のようにすべての人々に、あるいは多く、あるいは少なく定めに従って降り注ぐ。それゆえ君たちの誰かが、自分の兄弟に多くの子供たち、財産、資質があることを認めても、気にかけてはならない。なぜならば裏切りを知らないムスリムは、それを指摘されると（恥じ入って）目をしかめ、それゆえに賤しい者に居丈高になられるような卑しい行為を行わない限り、巧みな賭けごと師のようなものだからである。彼には最初の矢を引いて儲けを手にし、それで以前の損を埋め合わせることが期待される。同様に裏切ることのないムスリムは、アッラーから二つの褒美のうちの一つを期待することができる。一つはアッラーの呼びかけで、その場合、アッラーの許にあるものはすべて彼にとって良き賜りものとなる。いま一つはアッラーの恵みで、彼はすでに多くの子供、財産を持っていると同時に正しい教えと尊敬を手にしている。財産と子供たちは現世の収穫だが、正しい行いは来世のための収穫である。アッラーはすでにこれら二つをある人々に授けられている。アッラーが君たちに警告されたことについて、自らとくと戒めるがよい。弁解をせずに済むようアッラーを畏れるのだ。これ見よがしな言動を差し控えるように。アッラー以外の者に行った行為は、アッラーによってその者に向けられることになるであろう。われわれはアッラーに対し、殉教者たちの地位、有徳な者たちの仲間、預言者たちに付き従う者の立場を授け給うよう乞い願う。

皆の者よ、いかに多くの財産を手にしていても、人は誰しも、一族の者たちの手や舌による支えを欠くことができない。彼らは背後から彼を護る最強の防壁であり、困難から彼を救い、彼の苦痛を最も良く癒すともがらである。彼をめぐってアッラーが人々の間に残す優れた思い出は、彼が他人に残す財産よりもはるかに価値あるものである。

＊同じ説教から

よいか、君たちの誰かが困窮に悩む近しい者を見かけたら、彼らに救いの手を差し伸べることを控えてはならない。（助力を控えて）手元においた財は増える訳ではなく、使っても減ることはない。近親者の助けを手控える者は、一本の手を差し止めているだけだ。しかし（彼が必要とする際には）彼らの多くの手から助力を期待できない。優しい人柄の人物は、仲間たちの愛情をしっかりと保ち続けるものだ。

アッ＝サイイドッ＝ラディーは次のように述べている。「この説教の中では潤沢さ、豊富さを意味するアル＝ガフィールという言葉が用いられているが、この語はアラビア語で多数の人々を意味するアル＝ジャンマーウ＝ル＝ガフィール、あるいはアル＝ジャンフワという語が用いられるが、これはある者の最良の部分を意味する。つまりアカルト・アフワタッ＝タアーマというと、私は最高に素晴らしい食事をしたということになる。また終わりに近い場所に、ワ・マン・ヤクビド・ヤダフ・アン・アシーラティヒという表現があるが、信者たちの長――彼に平安あれ――の用いる表現の意味の美しさは、なんと素晴らしいものであろうか。これは自分の近親者に救いの手を差し伸べない者は、自分の手がもたらす利益を手にしているだけである。このようなものは彼らの助力を必要とし、支援を求めざるをえないような場合、彼らは助けの手を差し伸べず、彼の願いを聞き入れようとはしない。このように彼には多くの手、歩み寄る足の支援は断たれてしまうのである。」

第二十四の説教

わが命にかけて、私には真理に背き、誤謬の道を飾り立て、迷わずにその道を行く者に対して戦いを挑む他はない。アッラーの下僕たちよ、神を敬え。そして神の怒りを避け、その御許に赴くのだ。君たちに与えられた正しい道を歩み、命じられた立場を守り続けるのだ。このアリーは、直ぐに（現世で）与えられることはないにしても、いつの日か必ず君たちの成功を保証する者である。

第二十五の説教

*信者たちの長――彼に平安あれ――は、ムアーウィヤの軍勢が町々を占領しているという知らせをしばしば受け取り、イエメンに使わした二人の指揮官、つまりウバイドッラー・イブン・アッバースとサイード・イブン・ナムラーンが、ブスル・イブン・アビー・アルターフに敗れて彼の許に現れた際に、自分の部下が聖なる戦いに成果を上げえず、自分の意見に異論を差し挟んだこともあって心穏やかならず、説教壇に昇っていった。

いま私が手にし、自由にできるのはクーファだけだ。もしもお前の状態が嵐に吹き荒らされるばかりならば、アッラーよ、お前を破壊し給え。

ここで詩人の詩の引用

おおアムルよ、君の良き父の命にかけて
私はこの壺のわずかな脂を手に入れただけだ

それから続けていった。

私はブスルがイェメンを手に入れたことを告げられた。神かけて私の思うところ、これらの者どもは、時を待たずに全土を掌握するであろう。君たちが真理から遠ざかってばらばらになっているのに、彼らは誤謬の上に一致団結し、君たちは真理を守る指導者に逆らっているのに、彼らは誤謬に浸っている指導者に付き従っている。君たちは欺いているのに、彼らは自分たちの長を信頼し、君たちは腐敗をもたらしているのに、彼らは自分の国で善行を行っている。もしも君たちの誰かに大鉢の管理を任せたら、私は彼がその取っ手を持ち去ってしまうことを怖れなければならないだろう。

おお神よ、私は彼らに嫌気がさし、彼らも私に嫌気がさしている。私は彼らにうんざりし、彼らも私に飽き飽きしている。それゆえ彼らの最上のものと私を取り換え、私の最悪のものと彼らを取り換え給え。神よ、塩が水の中で溶けるように、彼らの心を溶かし給え。神かけて私は、自分にフィラース・イブン・ガンム族の千人の騎兵がついていたならと願うばかりだ。

もしも彼らに呼びかければ、夏の雲のように素早く
一族の騎兵たちが、君のところに駆けつけるだろう

それから信者たちの長は説教壇を下りた。

アッ＝サイイドッ＝ラディーは次のように述べている。「アル＝アルミヤという語はラミーユの複数で、雲のことである。またアル＝ハミームとは、ここでは夏の季節を指す。詩人はここで特に夏の雲を取り上げているが、なぜならそれは動きが軽々と、素早いためである。これは水気を含んでいないためで、雲は水気を多く含むと動きが遅くなるが、これは多くの場合、冬の時期に限られる。ここで詩人は、彼らが呼びかけられた時に素早く反応し、期待に応えることを示そうとしている。その証拠は〈呼びかければ素早く駆けつける〉という、詩の第一行にある。」

第二十六の説教

＊預言者の登場以前のアラビア半島について

アッラーはムハンマド――彼とその一族に祝福あれ――を全世界に対する警告者として、また啓示の保証人として遣わした。その当時君たちアラブの民は、最悪の宗教を信じ、最も悪い環境に生きていた。硬い岩の間、毒蛇のいる場所で、汚い水を飲み、粗野な食べ物を口にし、互いに血を流し合い、血縁などはお構いなしであった。君たちの間では偶像神が祀られ、罪が君たちを取り巻いていた。

＊同じ説教から

私はまわりを見回したが、自分を支援する者は自分の一族を除いて他にないことを知った。そこで私は彼らを死に追いやることを差し控え、目に埃が入っても目をつむり、喉が詰まってものを飲み、呼吸の困難にも、コロシント▽より苦いものを口にすることにも耐え抜いた。

＊同じ説教から

▽コロシント
ウリ科の植物で苦い果実をつける。

彼は忠誠の誓いに値段がつけられるという条件なしには、誓いなどはしない。しかし誓う者の手は成功しないだろうし、誓われる者の信頼も汚されるであろう。皆の者よ、戦いの準備に取り掛かり、武器の用意をするように。いまや火の手は燃えさかり、輝きを増すばかりだ。そして忍耐心を鍛えることだ。なぜならそれは最も強く勝利を呼び込むものだから。

第二十七の説教

*ジハードへの誘い

ところでジハード（聖戦）とは、アッラーがその特別な親しい友人たちに用意した楽園への入口の一つである。それは敬神の念の衣であり、アッラーの固い護りの鎧、その信頼に足りる盾である。それを取り止める者にアッラーは汚名の衣を着せ、不幸で覆い尽くす。彼は侮蔑と嘲りで賤しめられ、その心は覆い隠される。ジハードを怠ったため彼は真理を取り除かれ、汚名に嘆き、公正を期待することができない。

よいか、私は君たちをこれらの民と戦うよう呼びかけてきた。昼となく、夜となく、あるいは秘かに、あるいは公然と。そして私は君たちにいってきた。彼らが君たちを攻撃する前に、彼らを攻撃せよ。なぜならば人々は、自分の家の真中で攻撃を受けた場合、不名誉は免れないのだから。しかし君たちは他人任せにして問題を放置し、その結果、君たちは攻め立てられ、町々を奪い取られる始末だ。ところでガーミド族の一人（スフヤーン・イブン・アウフ）が率いる騎兵隊が、アル＝アンバール▽にまで軍を進め、ハッサーン・イブン・ハッサーン・アル＝バクリーを殺したということだ。彼らは君たちの騎兵隊を、駐屯地から追い立てているのだ。

聞くところによれば、彼らのある者はムスリムの女性、あるいはイスラームの保護下にある他の女性と交渉を持ち、彼女らの足や腕、頸《くび》や耳の飾り物を奪い去ったということである。女性たちは誰もこれを免れることができず、泣き声を上げ、援けを請う他になすすべはなかった。それから彼らは多くの富を手にして立ち去ったが、傷一つなく、少しの血も流されなかった。このような事態の後でムスリムの男が死んだとしても、彼は非難の対象とはならないだろう。ただし私にとっては問題がある。

なんという驚きだ。驚きだ。神かけて、これらの者どもが誤謬の上に団結し、君たちが真理から引き離される事実は、心を萎えさせ、強い懸念を呼び覚まさずにはいない。

君たちに苦しみと災難あれ。君たちは放たれる矢の標的なのだ。君たちは殺されるが殺しはせず、攻撃を受けても攻撃することをせず、アッラーが見放されているが君たちは満足したままだ。私が夏に彼らの許への出陣を命じた時に、君たちの答えは「いまは酷い暑さです、暑さが鎮まるまでお待ち下さい」というものだった。また冬に彼らに対

▽アル＝アンバール
イラク西部でシリアと接した地方。当時、アリーの勢力範囲であったが、ムアーウィアの派遣した軍勢がたびたび侵入していた。

して出陣を命じると、君たちの答えは「いまは大変な寒さです、寒さが遠のくまでご勘弁願います」ということだ。これはすべて暑さ、寒さからの逃げ口上に過ぎない。もしも暑さ、寒さに尻込みするならば、君たちは神かけて、剣（戦闘）に対してはもっと逃げ腰だということであろう。

おお男ではなく、男に見せかけた者どもよ、知恵は赤子なみで、考えとくれば天蓋の奥にかくまわれている女ほどでしかない者どもよ。君たちと見、知りあわなければ良かったものを。知り合ったばかりに恥と悔恨に責め苛まれる。

アッラーよ、君たちと戦い給え。君たちは私の心を膿で満たし、胸を怒りで一杯にする。君たちは私に、次から次へと苦しみを味わわせる。そして君たちの反抗と不服従は、私の意見を台無しにしてしまい、クライシュ族の者がこういい出す始末だ。「アブー・ターリブの息子は確かに勇敢だが、戦争のことは知らない。」アッラーが彼らを嘉し給わんことを。彼らのうちの誰が、私より戦場において威風あふれ、勇ましいであろうか。二十歳の時にすでに私は戦いに赴き、いまは六十の歳を迎えている。他人に服従されたことのない者には、きちんとした意見などありようがない。

第二十八の説教

＊移ろいやすい現世と来世の重要性について

ところでこの世はすでに背を向け、別れを告げており、次の世は近づいて、その訪れが近いことを告げている。今日という日は準備のためで、明日は競争の日だ。行くべき先は天国だが、後れをとれば地獄である。ところで死ぬ前に罪を悔いないような者が一人としているであろうか。裁きの日の前に善行を試みないような者がいるだろうか。よいか、君たちは希望の日を生きているが、その後には死が待ち構えている。死の訪れる前の希望の日に善行を積む者は、その行為によって良き報いを手にし、死によって傷つけられることがない。ただし死ぬ前の希望の日に善行を怠る者は、それによって害を被り、死の手で傷つけられる。

よいか、喜びの時にあっても、恐れの時のように振舞うのだ。よいか、私は眠りながら天国を求め、眠ったまま地獄を怖れる者を知らない。よいか、真理に報いられぬ者は誤謬の害に襲われ、正しい導きに道を誤る者は逸脱によって破滅を招く。よいか、君たちは（来世への）旅立ちを命じられており、糧食を蓄えるよう指示されている。

私が君たちに対して最も怖れるものは、欲望への捕われと過大な希望である。それゆえいまこの世において、明日の日に資するようなものを蓄えるがよい。

アッ＝サイイドッ＝ラディーは次のように述べている。「現世の禁欲を勧め、来世への準備を促す言葉があるとすれば、この説教をおいて他にない。これはいたずらな希望との関わりを断ち、〔善行への〕説得、〔悪行の〕警告の炎を燃えさからせずにはいない。

この説教で最も素晴らしいのは次の部分である。『今日という日は準備のためで、明日は競争の日だ。行くべき先は天国だが、後れをとれば地獄である。』ここには言葉の荘重さ、力強い意味、正確な直喩、具体的な説明の他に驚くべき秘密と微妙な意味が含まれている。

特に『行くべき先は天国だが、後れをとれば地獄である』という部分が重要である。ここでは二つの異なった意味を伝えるために、二つの言葉が用いられている。天国に関しては〈行くべき先〉という表現が用いられているが、地獄については同じ表現は用いられていない。なぜならば赴く先は、人が好み、求める場であり、これは天国についてのみ妥当する。地獄はこのような〔好ましい〕意味は存在しない。アッラーよ、われわれを劫火から護り給え。したがって地獄には〈行くべき先〉という表現はふさわしくなく、代りに最後の住処という意味のガーヤという言葉が用いられている。これは喜びにあふれる者、その逆の者が共に行き着く最後の場所である。この言葉は二つの意味を表わすが、ここではマシール、ないしはマアール、つまり最後の住処という意味にとるべきであろう。ちなみにクルアーンには次のようにある。『いえ。大いに楽しむがよい。なぜならば汝らの竟《つい》の住処は地獄の業火なのだから。』〔クルアーン一四章三〇節〕したがってこの場合、お前たちの行き着く先は地獄である、といういい方はふさわしくない。

この点を注意深く考慮するならば、その内容の素晴らしさ、奥行きの美しさ、繊細さが理解されるが、信者たちの長――彼に平安あれ――の言葉にはこの種のものが数多い。

他の版では、サブカという語の代わりにスブカという語が用いられているが、これは競争の勝者が手にする賞品を意味する。しかし二つの意味は互いに似通っている。なぜならば賞品は望ましくない行為に対するものではなく、良い行為の褒賞として与えられるものなのだから。」

第二十九の説教

＊聖戦を拒んで口実を述べ立てる者について

皆の者よ、君たちの身体は一つにまとまっているが、欲望はまちまちである。君たちの言葉は固い巌を和らげ、行いは敵をなびかせる。会合においてはこうしよう、ああしようとものいうが、戦闘が近づくと、逃げちまえと口にする。

助けを求めても聞き入れられることはなく、厳しく取り扱ってみても心は休まらず、繰り返される益もない弁解を聞くだけだ。君たちは私に延期を申し出るが、これも借りた金を返したがらない者のやり口にすぎない。卑しい者は圧迫を押し返す力はなく、真実は努力して初めて勝ち得るものである。

君たちのこの家の他に、どこに安全な家があるというのか。私の後で誰の指揮の下で戦おうというのか。神かけて、裏切られたのは、君たちが裏切った者に他ならない。神かけて、君たちと共に勝利した者は、役立たずの矢を手にしただけだ。君たちの放つ矢は、的を外れるばかりだ。

神かけて、いまや私は君たちの言葉を信じることはない。君たちの助けも求めない。君たちと共に敵と戦うつもりもない。

君たちとなんの関わりがあるというのだ。君たちの薬はなんで、治療はなんなのだ。敵の軍勢も君たちと変わることはない。知性のない物いい、敬虔さを持たぬ無知、真理を欠いた欲望があるだけだ。

第三十の説教

＊ウスマーン・イブン・アッファーンの殺害について

もしも私がそれを命じていたならば、私は殺人者であろう。しかしそれを押し留めていたならば助力者となる。ただし彼を助けた者にしても、彼を見捨てた者より優れているとは主張できないし、彼を見捨てた者も、助けた者より優れているといえる立場にない。

ここで私は、君たちのために問題を整理しよう。彼は（富を）独り占めにし、その限りを尽くした。そして君たちはそれに抗議し、その限りを尽くした。独占した者と抗議した者の真の裁定は、アッラーの御手にある。

第三十一の説教

＊駱駝の役の戦闘が始まる前に、服従を勧めるためアブドッラーフ・イブン・アッバースをアッ＝ズバイルの許に遣わす際の説教

タルハと直接に会ってはならない。会えば、彼が角を耳まで垂れた猛牛のような姿をし、猛々しい乗り物に乗って、それを乗りこなしたといわんばかりなのが解るだろう。しかし代わりにアッ＝ズバイルと会うのだ。彼は温厚な性格の持ち主だから。そしてこういうのだ。「貴方の母方の従兄弟がこういっています。『貴方はヒジャーズ▽で自分を認めて、イラクで否認しました。なにが理由で最初に認めたものを拒んだのでしょう』と。」

アッ＝サイイドッ＝ラディーは次のように述べている。「最後の言葉、『なにが理由で最初に認めたことを拒んだ』という表現を用いたのは、信者たちの長——彼に平安あれ

▽ヒジャーズ
アラビア半島の北西部の地域を指し、そこにはメッカ、マディーナの重要都市がある。

――が最初である。」

第三十二の説教

皆の者よ、われわれは過ちと不信の時に生きている。有徳な者は悪人と見なされ、不正な者は悪の限りを尽くしている。われわれは自分たちの見知ったものを活用できず、知らぬものを探そうともしない。災厄が襲いかかるまで、怖れようともしない。

人間には四つの種類がある。ある者は低い地位、力のなさ、財の欠乏のために災厄から身を護ることができない。また他の者は剣を抜き放ち、大っぴらに悪行に手を染め、騎兵や軍勢を集めて、自分のために悪行に専念し、宗教を破壊し、富をわがものにしようとする。そのために兵を率い、説教壇に昇ることも辞さない。現世を自分の価値と認める者のなんと哀れなことよ。アッラーの御許における代償を反故にして。

他の者は来世のための行為を通じて現世（の利益）を求め、現世のための行為によって来世（の利益）を求めない者もいる。彼は身のこなしは穏やかで、歩幅は狭く、衣の裾をたくし上げ、信用がおけることを誇示するために身を飾り、アッラーの帳に隠れて罪を犯す。

またある者は自分の弱さ、手立てのなさゆえに征服などは断念し、このために自分の地位を卑しめ、それを満足と名づけ、禁欲の徒の衣装を身にまとうが、実のところこれらとはなんの関わりもない。

そして最後に少数の者が残るが、このような者は（最後の審判の日に）戻りゆく場の思いに眼差しを低め、復活の畏れに涙を流す。彼らは（この世から）逃げ隠れ、畏れに肝を抜かれ、口環をはめられたように黙りかえる。そして心から祈りを捧げるが、悲しみに苛まれ、畏れが彼らを包み隠し、賤しめが彼らを覆い尽くす。彼らは荒れ狂う大海の中に放り出されているのである。彼らは疲れ果てるまで説教に努めるか、打ちひしがれ、賤しめられ、殺されてわずかな者が生き残るばかりである。

それゆえ君たちにとって現世は、アカシアの樹皮や刈り取られた羊毛より価値のないものでなければならない。後の者が君たちの教えを受け取る前に、君たちは先人の教えを身につけねばならない。したがってその悪ゆえに現世から遠ざかることだ。なぜならそれは、君たち以上に深い関わりを持った人々をも見放したのだから。


アッ＝サイイドッ＝ラディーは次のように述べている。「この説教は、しばしば無知な者によってムアーウィヤのものとされてきたが、これは信者たちの長――彼に平安あれ――のものであり、この点には疑いはない。金と粘土、甘いものと塩辛いものが、どのようにして比べられるというのであろうか。この点については熟達した案内人、慧眼な批評家アムル・イブン・バフル・アル＝ジャーヒズが指摘している。彼はその著『アル＝バヤーン・ワッ＝タブイーン』の中でこの説教について論評している。そこで彼はそれをムアーウィヤのものとする者についても言及しているが、彼はいっている。『これはアリー――彼に平安あれ――のものとするのが最も妥当であろう。人々を分類する仕方、彼らの強権、不名誉、または憂慮、恐怖に関する描写からみて、それが最も妥当である。他方でわれわれは、ムアーウィヤがなんらかの機会に現世を投げ捨てた者の生き方、強い信仰心について言及した例を知らないのである。』」

第三十三の説教

*駱駝の戦いでバスラ▽の民との戦いに出陣するに当たって

アブドゥッラーフ・イブン・アル＝アッバースはいっている。私はズィー・カール▽で信者たちの長――彼に平安あれ――と出会った。そのとき彼は自分の靴を繕《つくろ》っていた。すると彼は私に尋ねた。「この靴はいくらのものかね。」そこで私は答えた。「一文の価値もありません。」すると彼はいった。「神かけて、これは私にとっては君たちに命令を下すことより遥かに価値のあるものだ。正義を確かなものにし、不正を遠ざけることを除いては。」そしてその場を離れ、人々に向かって説教した。

まことにアッラーは、ムハンマド――彼とその一族に祝福あれ――を遣わされた。当時アラブは誰一人書を読まず、預言を認めていなかった。彼は人々を導いて彼らの地位

▽バスラ
イラク南東部のシャット＝ル＝アラブ川の河口にある都市。タルハとアッ＝ズバイルはバスラを掌握し、アリーとの戦いに臨んだ。

▽ズィー・カール
バスラの北に隣接する地域。

を確立し、彼らに救いを与えた。そして彼らの槍（例えば役人）は正され、足元の礎は安定した。

神かけて、私はこれが完全に実現するまで指揮をとり、弱さにも、臆病にも捕らわれることはない。今回の私の出兵も、このようなものだ。私は真理がその姿を現すまで、誤謬を攻め立てずにはいない。

クライシュ族と私の間にどのような（戦う理由）があるのだ。神かけて、私は不信者の彼らと戦ってきた。そして彼らが道を誤る限り戦い続けるだろう。彼らに対する私の態度は、昔もいまも変わりはない。

第三十四の説教

＊シリアの民との戦いに派兵するに当たって

ああ私は君たちを非難することに疲れた。君たちは来世の代わりに、現世を受け入れようというのか。尊厳の代わりに不名誉を取ろうというのか。君たちに敵との聖戦を呼びかけると、その両目は死に取りつかれた時のように反り返り、瀕死の時のように無表情になる。そして私の意見は聞き入れられず、君たちはただ呆然とするばかりだ。君たちの心は狂気に襲われたように、物事を理解しなくなる。君たちは夜の暗闇の中で私の便りとなることは決してなく、依りかかる柱でもなく、君たちに持ち合わせのない名誉の礎ではありえない。君たちは飼い主が道に迷った駱駝のようなものだ。一方から呼び集められると、他方で散り散りになる。

神かけて、戦いの炎を煽り立てる君たちのなんと悪質なことよ。君たちは誑《たぶら》かされるが、(敵に)策略を仕掛けようとはしない。君たちの領土は狭まる一方だが、それに腹を立てる訳でもない。敵は眠ろうとしないが、君たちはぼんやりとして気にしようともしない。神かけて、互いに他人任せの者どもはただ打ち負かされるだけの運命だ。神かけて、私は君たちが戦いの炎が燃えさかり、殺気が昂じて来ると、胴体から首が切り離されるように、アブー・ターリブの息子を見放すものと思っている。

神かけて、敵に自分の肉を斬らせ、骨を砕かせ、皮膚を切り刻ませる者は、無力に秀で、胸の両脇に包まれた心臓は弱いということになるだろう。君がそれを望むならば、そうなるがよい。ただし私に関しては、神かけて、そうなる以前にマシュラフィーヤの剣の一撃を与えるであろう。それは首を切り離し、武具や両足を飛び立たせるだろう。その後はアッラーの思し召し次第だ。皆の者よ、私には君たちに対する権利があり、君たちにも私に対する権利がある。君たちの私に対する権利とは、君たちに対する忠告、十分な戦利品の分け前、無知のままでいないための教育、ふさわしい振る舞いのための訓育である。また私の君たちに対する権利とは、忠誠の誓いの遵守、面前での、あるいは不在の場合での忠言、呼びかけに対する応答、命令の遵守である。

第三十五の説教

＊裁定の後に

運命が大きな災難、重大な事件をもたらした後にも、ただアッラーを讃えまつる。私は証言する。アッラー以外に神はなく、唯一の彼に似た者はなにもなく、彼を除いて神はない。またムハンマドは彼の下僕にして、御使いである――彼とその一族に祝福あれ――。

さて、知恵もあり、経験も豊かな親しい人物の忠告を聞き入れないことは、失望と悔恨を招くことに他ならない。私は君たちにこの裁定に関する命令を下し、私の秘かな意見を打ち明けた。だが君たちは、〈もしもカシールの意見が聞き入れられたならば〉という故事のように、荒々しい敵対者、不忠実な反乱者さながらに私の意見に反対し、その結果、忠告を与えるはずの者が、自分の忠告そのものに疑いを持つようになり、(彼の知性の)火打石も火を放たないようになった。私と君たちの関係は、アフー・ハワージンが詠っている通りである。

私はムンアリジッ＝リワーで君に命令を下したが
君には翌日の昼まで私の忠告の意味が解らなかった

第三十六の説教

*ナフラワーンの戦い▽に加わった者に対する警告

私は君たちに忠告する。君たちは低地に湾曲して流れるこの川の岸辺で、主に対する明らかな弁解もなく、しっかりとした支配者も持たぬまま命を落とすことになる。君たちは家を出て、神の定めに取りつかれてしまった。

私は君たちにこの裁定を拒む意思表示をしたが、君たちは反対者、敵対者のように私の意見を拒み、遂に私は君たちの意思に沿うような態度を取った。君たちは頭に知恵も、知性もない人の群れだ。君たちに父親がないように（神の災いあれ）。私は君たちに災厄をもたらしたことはないし、損害を加えようと望んだこともない。

第三十七の説教

*信仰の堅固さ、早い時期の入信について語られた説教形式の談話

私は他人が臆する時に任務を遂行し、彼らが尻込みする時に前進する。また他人が口

▽ナフラワーンの戦い
六五九年に、イラク中部、ティグリス川東岸のナフラワーン運河の岸において、アリーがハワーリジュ派（訳注後出八三頁）の反乱を平定した戦い。

籠る時に話をし、彼らが立ちどまる時にアッラーの光をもって前進する。私は誰よりも声は低いが、前進することにかけては最高の能力の持ち主である。私はその手綱を握りしめ、決まった目的にしか専念しない。まるで烈風も動かすことができず、強風も揺さぶることの叶わない大山のようなものだ。誰一人私に欠点を見出すことはなく、私の悪口をいう者はない。

私の考えでは、賤しい者も、私が彼のために（彼の）権利を確保してやるまでは、名誉に値する。また強者にしても、私が彼から（仮初《かりそめ》の）権利を取り上げるまでは、弱者である。われわれはアッラーの定めに満足しており、アッラーの命令に服従するばかりである。

君は、私がアッラーの御使い――彼とその一族に祝福あれ――について嘘をつくと思うか。神かけて、私は彼を正しいと認めた最初の者であり、私は彼を嘘つきという最初の者ではありえない。

私は自分の問題を考えてみると、私の服従が、私の忠誠の誓いに先立つことが解った。ただし（御使いとの）約束は、私の肩に重い。

第三十八の説教

＊疑いとそれに惑う者について

疑いが疑いと名づけられたのは、それが真実と似通っているためである。アッラーに愛でられた者たちについていえば、彼らの確信が光の役を果たし、正しい道の方角が彼らの導きとなる。他方アッラーの敵といえば、彼らの呼びかけは誤謬に他ならず、その道案内は盲目である。死を怖れる者はそれから救われることなく、それを愛する者は永遠の生を手に入れる。

第三十九の説教

＊戦いに尻込みする者に対する非難

私が前にしているのは、命令を下すと従わず、呼びかけてもそれに応えようとしない者どもだ。お前たちに父親などいない（お前たちに災いあれ）。主のために立ち上がることを、なにゆえに躊躇《ためら》っているのか。信仰はお前たちと手を取り合わないのか、怒りはお前たちを奮い立たせないのか。私はお前たちの間で大声を上げて助力を求めるが、お前たちは聞く耳を持たず、命令に従おうとしない。おかげで情勢は悪くなる一方だ。報復は果たされず、なんの結果も得られないままだ。私は兄弟の助力のためにお前たちに呼びかけるが、腹に痛みを覚える駱駝のように叫び声を上げ、痩せ細った駱駝のように弱音を吐くだけだ。そして私のところにはお前たちの許から足どりもふらついた弱々しい一軍がやってくるが、「彼らは死を目前にした者どものように、ただ辺りを見回すばかりだ。」〔クルアーン八章六節〕

アッ＝サイイドッ＝ラディーは次のように述べている。「信者たちの長――彼に平安あれ――が用いているムタザーイブという言葉は、ムッタリブ（動揺した）という意味で、タザーアバティッ＝リーフ（騒がしく風が吹く）といったように用いられる。同様に狼はジアブと呼ばれるが、これはひと騒がせな足取りをするためである。」

第四十の説教

＊ハワーリジュ派▽の裁定は神の許にあるのみという言葉を耳にした際に

この言葉は正しいが、（彼らの意味することは）誤りである。確かに裁定はアッラーの御手にあるのみである。ただし彼らは統治もアッラーのものであるという。しかし人間にとっては良くも悪しくも、必ず統治者が必要である。信仰ある者は、その統治の下で（良き）行いにいそしみ、不信心者は（現世的な利益に）満足する。その間にアッラーはすべてに決着をつける。統治者の手によって、税が徴収され、敵は退けられ、道

▽ハワーリジュ派
アリーがスィッフィーンの戦いにおいてムアーウィアの和議の申し入れを受け入れたことに強く反発しアリーの軍営を離脱した、イスラーム初の分派。アリーは、六六一年にハワーリジュ派の刺客の兇刃にたおれる。

路の安全は保たれ、強者の手から弱者の権利が取り返され、その結果、徳ある者は平和を享受し、悪しき者たちから保護される。

同じ説教の他の伝承。信者たちの長――彼に平安あれ――は彼らの裁定の問題を耳にするとこういった。

私はアッラーの君たちに対する裁定を期待する。優れた統治に関しては、神を敬う者がそこで善行を行う。他方、悪しき統治においては悪人が、彼の時代が終わり、死に取りつかれるまで、勢力を誇る。

第四十一の説教

*裏切りを非難して

契約の遵守は真実と対をなすものだ。私はそれ以上頼るに値する盾を知らない。そして（来世という）帰りゆく場について弁えた者は、裏切ることをしない。われわれは多くの者が、裏切りを知恵と思い込んでいる時代に生きている。そこでは無知な者どもが、それを優れた策謀と見なしている。だがこのことは、彼らとはなんの関わりがあるであろうか。アッラーよ、彼らを滅ぼし給え。人生の転変を経験した者は、アッラーの命令、禁止を無視する口実を見つけ、それを行う能力を持ちながら等閑にする。また宗教などになんの関心も寄せない者には、（神の命令を守らない）十分な口実がある。

第四十二の説教

＊心の抱く欲望と過大な希望について

皆の者よ、私が君たちに抱く最も大きな恐れは二つある。それは欲望に身を任せることと、過大な希望を持つことである。欲望への捕われは真理を遠ざけ、過大な希望は来世を忘れさせる。よいか、現世は速やかに過ぎ去り、空になった容器の中の溜まり水のように、残りはほんのわずかである。よいか、来世はすでに近づいている。そしてこれらの二つには、それぞれ息子たちがいる。だから来世の息子となるのだ。現世の息子となってはならない。すべての息子は、最後の審判の日に、父親（ないしは母親）と連れ添うことになる。今日は行為の日であり、勘定の日ではない。明日は勘定の日であり、行為の日ではない。

アッ＝サイイドッ＝ラディーは次のように述べている。「アル＝ハッザーウとは素早いという意味であるが、ある人々はジャッザーウと伝えている。この場合、現世の喜び、好ましいことは断ち切られるという意味になる。」

第四十三の説教

＊信者たちの長はジャリール・イブン・アブドッラーフ・アル＝バジャリーをムアーウィヤの許に遣わしたが、友の者たちは戦闘の準備を進言した。

ジャリール・イブン・アブドッラーフ・アル＝バジャリーがシリアにいる間に、その地の民との戦闘の準備を行うということは、シリアへの門を閉ざすことになり、もしもそれが彼らの意図であるとするならば、その地の民の好意（例えば忠誠の誓い）の機会を取り上げることになる。しかし私は、ジャリールに一定の期限を設けた。その後は裏切りか、反抗ということになる。私の意見では忍耐を取るので、しばらく待機してほしい。私は君たちが準備することに反対ではないが。

私はこの問題について、さまざまな角度からよくよく考えた。しかし私の考えるところでは、戦いか、ムハンマド――彼とその一族に祝福あれ――のもたらしたものに対する背信しかない。確かに人々には新しい事態を提供する支配者がいた。そして彼らに発言の機会を与えた。そこで彼らは発言し、蜂起し、事態を変えた。

第四十四の説教

＊マスカラ・イブン・フバイラ・アッ＝シャイバーニー▽はムアーウィヤの許に逃亡した。なぜならば彼はナージャ族の捕虜を信者たちの長――彼に平安あれ――の士官から買い取り、釈放したが、代金を請求されると誤魔化して、シリアに逃亡した。

マスカラに侮蔑あれ。彼は貴人のように振舞い、奴隷のように逃亡した。彼は、自分を称讃する者が口を開く前に彼を黙らせ、誉め讃える者が彼の善行を保証する前に押し留める。もしも彼が留まっていたならば、簡単に支払えるもので済まし、金が調達できるまで待っていたものを。

第四十五の説教

＊アッラーの偉大さと現世の卑しさについて

讃えあれアッラー、その慈悲に与からぬことを嘆く者は誰一人なく、その慈愛の及ばぬ者は一人としていない。その寛大な赦しに誰一人落胆する者なく、彼を敬うことにつ

▽マスカラ・イブン・フバイラ・アッ＝シャイバーニー

アルダシール・フッラ（イラン南部）の総督。ハワーリジュ派を支持するナージャ族の反乱がアリーの軍勢によって平定され、その捕虜たちは連行の途上、マスカラに自らの解放を懇願する。マスカラは身代金を自分が支払うことを条件に、アリーに彼らの解放を申し出て捕虜は解放された。しかしマスカラは、その代金の一部しか支払わず、シリアのムアーウィヤのもとに逃亡した。

いて誰しも十分ということはない。その慈悲は止むことなく、その慈愛は絶えることがない。

　現世とは消え失せることが定めの住処であり、そこに住まう者にも同じ定めがある。それは甘く、緑に満ちている。それは求める者に急ぎ足で近寄り、見つめる者の心に取りつく。

　それゆえ手にしうる最善のものを持ってそこから旅立つのだ。そこでは必要以上のものを求めず、生きるに足りるものだけで満足するように。

第四十六の説教

＊シリアへの進軍を決断した際に

　アッラーよ、旅の苦難、帰還の悲しみ、人々や財産の痛ましい光景から私を護り給え。アッラーよ、貴方は共に旅する仲間であり、あとに残って民をお護り下さる御方。貴方以外にこの二役を務められる御方はない。なぜならば後に残る者は共に旅することはなく、共に旅する者は後に残ることはないのだから。

　アッ＝サイイドッ＝ラディーは次のように述べている。「この説教の最初の部分は、神の御使い——彼とその一族に祝福あれ——の言葉から引かれたものである。しかし信者たちの長——彼に平安あれ——は、『貴方以外にこの二役を務められる御方はない』という表現に最も美しい言葉を加えることによって、最も雄弁なものにしている。」

第四十七の説教

＊クーファをめぐって

おおクーファよ、荒れ果てたいまのお前は、まるで市場で売られるウカーズ▽のなめし革のようだ。お前は災厄に掻きむしられ、災害に打ちひしがれている。私は知っている。もしも圧政の徒がお前に害を加えようとするならば、アッラーは危害で彼を苦しめ、殺し手をさし向けずにはいないであろう。

第四十八の説教

＊シリアへの進軍の途中で

讃えあれアッラー、夜の暗闇が色濃く広がる時に。讃えあれアッラー、星が輝き出

▽ウカーズ
メッカ近郊にあり、イスラーム勃興以前に毎年、市が開かれていた。

で、また消え去る時に。讃えあれアッラー、貴方の恵みは消え失せることなく、貴方の慈しみには応えようもない。ところで私は先兵隊を送り、私の命令が届くまで川の岸辺に留まるよう命じた。私の望むところは、この川を渡ってティグリスの畔に住む小さな集落の民を訪れ、彼らを立ち上がらせて君たちの援軍とし、君たちと共に敵と戦わせることである。

アッ＝サイイドッ＝ラディーは次のように述べている。「ここで信者たちの長――彼に平安あれ――はミルタートという語を用いているが、これは彼が兵士たちに宿営を命じた場を意味するが、ユーフラテス川の岸辺のことである。この語はまた海辺をも指すが、原意は平らな土地の意味である。またヌトファという語はユーフラテスの流れを意味している。これらは変わった表現であるが、素晴らしい。」

第四十九の説教

＊アッラーの偉大さと荘厳さについて

讃えあれアッラー、御身はすべての隠されたものを内に秘め、表に現れたものの徴は皆御身を指し示す。見る者の眼には見えず、見えぬ者の眼も御身を否認しない。その存在を確証する心も御身を見通すことはない。御身はいと高くして、より崇高なものはなにものもない。御身はいとも身近にいまし、より近くにあるものはなに一つない。しかしその崇高さは御身をそのいかなる創造物からも引き離さず、その身近さはそれらを御身と等しい地位におく。

御身は自らの性質の限界について（人間の）知性に十分な知を与えてはいないが、それにもかかわらず知られるべき重要な事柄を隠してはいない。御身は存在のすべての徴がそれを証明し、否定を性とする者の心も拒みえないような御方である。至高のアッラーは、御身をなにものかに譬えたり、否定する者たちが物語るなにものよりも遥か高くにおわす。

第五十の説教

＊正邪の区別がなされないことについて

悪行がはびこる源は、欲望への捕われと（人間が作り出した）勝手な定めである。それらはアッラーの書に反するものだが、人々はアッラーの教えに反するこれらのことを互いに競い合う。もしも誤謬が真実と混ざり合っていないならば、それが真実を求める者の目に隠されることはない。またもしも真実が誤謬の衣をまとっていないならば、誤謬に憎しみを抱く者は口をつぐむことだろう。しかし問題はこちらから一つまみ、あちらから一つまみされて、二つが混ぜ合わされることにある。この段階で悪魔はその仲間をおびき寄せ、救われるのは前もってアッラーから美徳を授けられていた者だけである。

第五十一の説教

＊スィッフィーンの戦いにおいてムアーウィヤの軍勢が、信者たちの長――彼に平安あれ――の軍の優位に立ち、ユーフラテス川の岸辺を占領して水路を断った際に

彼らは君たちに戦いを求めてきた。それゆえ名誉を汚されて卑しい地位に身を落とすか、刀を血で染めて渇きを癒すかのいずれかしかない。真の死は隷属の中の生にあり、真の生は勝利者として死ぬことにある。

よいか、ムアーウィヤはわずかな叛徒を率いているが、兵士たちは作り話を聞かされるばかりで、彼らの胸は格好の死の標的だ。

第五十二の説教

＊この説教はある伝承に基づいてすでに引用されているが、異なった内容を持つ別の伝承に基づくものをここに記述する

よいか、現世はすでに色あせ、終わりの近いことを告げている。見知ったものは忘れ去られ、足早に過ぎ去っていく。現世はその住民たちを消滅の運命にさらし、その隣人たちを死に追いやる。そして甘いものは酸っぱくなり、澄み切ったものは汚染される。したがって残されたものといえば、容器の中の残り水か、一口ほどのわずかな水で、喉の渇いた者が口に含んでも渇きは癒されない。

それゆえアッラーの下僕たちよ、住民たちに消滅が宿命づけられているこの住処から、旅立ちの準備をするのだ。そこで過大な欲望に身を委ねないこと。またそこに長居しようとしないことだ。

神かけて、もしも君たちが子を失った雌駱駝のように泣き声を立てたり、いなくなった相手を求める鳩のような鳴き声をしたり、人里離れた隠者たちのように騒ぎ声を上げたり、はたまた神の近みにあることを確保し、その評価を高めるために、あるいは諸典が数え上げ、天使たちが記録に留めたさまざまな罪からの赦しを求めて、富や子供を捨ててアッラーの方に顔を向けたとしても、それは私が君たちのために期待する神の褒賞、あるいは君たちのために怖れる罰ほどのものではないであろう。神かけて、もしも君たちの心が溶け去り、君たちの眼が神への欲望から、ないしは神に対する畏れから血

の涙を流し、またもしも君たちが、この世の続く限りそこに生き続けることができるとしても、君たちの行いは君たちに対する神の偉大な恩恵、その信仰への導きに報いるには足りないであろう。

＊またこの説教には犠牲祭とそれに捧げられる動物の性質について説明した部分がある

犠牲にふさわしい動物は、耳が上に立ち、目が健全でなければならない。もしも耳や目が健全であれば、角が折れていたり、屠殺場に足を引きずって行っても、犠牲の動物は健全で、完全ということになる。

第五十三の説教

＊忠誠の誓いについて

彼らは私に向かって跳びかかってきた。ちょうど水場を訪れた喉の渇いた駱駝が、飼い主から四足の綱を解き放たれて互いに跳びかかるように。そして私は、彼らが私を殺すか、私の前で互いに殺し合いをするかと思ったほどであった。私はこの問題について内から、外から考えをめぐらし、結局眠れなくなるほどであった。そして彼らと戦うか、あるいはムハンマド――彼とその一族に祝福あれ――がもたらしたものを放棄する以外に道のないことを知った。私にとって戦いにいそしむ方が審判を気にするより簡単であり、この世の苦しみの方があの世の苦しみより容易である。

第五十四の説教

＊信者たちの長――彼に平安あれ――の軍勢が、スィッフィーンでの戦いの許可が遅いことを訴えた際に

君たちがこれ（命令を遅らせていること）を、私が死を怖れているからだというならば、神かけて私は死に赴くことも、死が近づくことも問題にしてはいない。また私がシリアの民に疑いを寄せているという君たちの考えについては、神かけて私は、一日たりとも戦いを遅らせるつもりはない。ただ少数の者が私の側につき、私の手によって正しい道を歩み、乏しい視力で私の光を求めることを望んでいるだけである。こちらの方が迷いの道にある彼らを手にかけるより望ましい。自分たちの罪は、彼ら自身が担わなければならないとしても。

第五十五の説教

*戦場における決然とした態度について

神の御使い――彼とその一族に祝福あれ――と共にあって、われわれは自分たちの父親、息子、兄弟、叔父たちと刃を交えてきた。これはわれわれの信仰、服従心、正しい道を踏み歩き、艱難に耐え、敵と戦いを交える姿勢を強めてきた。そして味方の一人と敵方の一人は互いに優れた戦士として、相手に死の杯を与えるためにわたりあい、ある時は味方の者が敵に勝利し、他の折には敵方が味方に勝利する。

そしてアッラーがわれわれの真実を認めると、敵方に不名誉を、われわれに勝利を与え給い、その結果、イスラームは（頸《くび》を大地に押しつけた駱駝のように）礎を築き、その場を確かなものにする。

私の命にかけて、もしも私が君たち同様の態度を取るならば、宗教の柱は立たず、信仰の樹も葉を茂らせないであろう。神かけて、君たちは乳の代わりにわれわれの血を飲もうとしているが、それは君たちに汚辱をもたらすだけだ。

第五十六の説教

＊味方に対するムアーウィヤについて

私の後に大きな口をし、腹の膨れた男が君たちの上にやってくるであろう。彼は見つけたもののすべてに食らいつき、見つからぬものもすべて手にしたがる。だから彼を殺すのだ。しかし君たちはそうしないだろう。よいか、彼は私を罵るか、見捨てるよう君たちに命ずることだろう。罵りに関しては、私を罵るがよい。それは私にとって清めであり、君たちにとっては解放だ。しかし見捨てることについては、君たちは私を見捨てるべきではない。なぜならば私は生まれながらにして（宗教を）本性とし、最も早く入信し、（メッカからマディーナへの）遷都にも加わっているのだから。

第五十七の説教

＊ハワーリジュ派に対する呼びかけ

君たちを正す者が誰一人いない折には、烈風が君たちに襲いかかるであろう。アッラーを信じ、その御使い――彼とその一族に祝福あれ――と共に聖戦に参加した後で、私が不信の徒となったなどと証言することがありえようか。「その場合、私は道を誤り、正道を歩む者ではないことになる。」〔クルアーン六章五六節〕だから引き返し、悪の場に立ち戻るのだ。よいか、君たちは私の後で手痛い屈辱、鋭い刃、圧政者が規範として採用する慣習を甘受しなければならなくなるだろう。

アッ＝サイイドッ＝ラディーは次のように述べている。「信者たちの長――彼に平安あれ――が、ワ・ラー・バキヤ・ミンクム・アビルンという場合、三つの伝承がある。その一つはすでに挙げたようなアビルンというもので、アラブが常用するナツメヤシの木の手入れをする、ないしは刈り込む者を意味する、ラジュルン・アビルンという表現から採られたものである。

これにはアシルンと読む伝承もあるが、これは話の語り手、伝え手という意味である。私の考えでは、この伝承が最もふさわしいと思われる。信者たちの長――彼に平安あれ――は、『君たちに語り手がいない折には』といっているのだから。また他の伝承では跳びはねるという意味の、アビズンということになっている。この語は死者を指すこともある。」

第五十八の説教

＊ハワーリジュ派との戦いを決断した際のもので、このとき彼は彼らがナフラワーンの

橋を渡ったという報告を受けている。

彼らの落ち行く先は運河のこちら側だ。神かけて、敵の生き残りは十人に満たず、君たちの死者が十人を超えぬように。

アッ＝サイイドッ＝ラディーは次のように述べている。「この場合のヌトファという語はユーフラテス川を指すが、これは水を指す語としては最良のものであり、大量の水の場合にも用いられる。これについては先に、類似のものについて言及した際に指摘した。」

第五十九の説教

＊ハワーリジュ派が撃滅され、「やあ信者たちの長よ、彼らは全滅しました」と知らされた際に

神かけて、いやまだだ。彼らは男の腰、女の子宮に生きている。彼らの間から一人の頭が現れた際には打ち倒され、最後の者が盗人、強盗となり下がるまでは。

第六十の説教

＊ハワーリジュ派について

私の後ではハワーリジュ派と戦ってはならない。なぜならば真理を求めたが誤った者は、誤謬を求めそれを手にした者とは違うからだ。

アッ＝サイイドッ＝ラディーは、後者がムアーウィヤとその一党であるとしている。

第六十一の説教

＊策謀を怖れた際に

私にはアッラーの手堅い護りがある。私の最後の日が訪れる時にそれは私の許を離れ、私を死に手渡すであろう。その時には矢は的を外さず、傷も癒されないであろう。

第六十二の説教

※ 現世の移ろいやすさについて

　よいか、現世とはそれからの保護が、そこに留まる間しか得られない場所だ。現世のためにだけ行われた行為は救いをもたらすものではない。人々はそこで災害によって試される。彼らが手にした現世の快楽は、（死によって）取り上げられ、それらについて尋問される。ただし彼らが他の世界のために行った行為は、そちらで手にし、手元におくことができる。現世とは、知恵ある者にとって影のようなものであり、広がるかと思えば縮み、増えては減っていくものである。

　　　第六十三の説教

※ 現世の衰退と消滅について

　アッラーの下僕たちよ、アッラーを畏れ、善行を行って死に備えよ。移ろいやすいもので永続する喜びを贖うのだ。旅立ちの用意をせよ、なぜなら君たちは追い立てられているのだから。死の準備にぬかるな、なぜならその影がすでに君たちを覆っているのだから。呼ばれたらすぐに目を覚まし、また現世が自分たちの住処でないことを知っているような者となれ。だからそれを（来世と）取り換えるのだ。

いと高きアッラーは、君たちを故なく創られたのではなく、益もなく放置された訳でもない。君たちの誰かと天国、ないしは地獄の間には、必ず訪れる死を除いてはなにもない。刻一刻と縮まり、時と共に備えを剥ぎ取られる生は、まことに短い。二つの新しいもの、つまり夜と昼に駆り立てられる隠れた死は、足早である。成功か、失敗（つまり死）に近づきつつある旅人にとって、最善の準備をするにしくはない。

それゆえ現世にいる間に、明日（来世で）君たちの身を護るのに十分な備えを蓄えておくのだ。したがって下僕たる者は主を畏れ、自らを戒め、悔い改め、欲望を抑えねばならない。なぜならば彼の死は彼の目には隠されており、彼の欲望は彼を欺き、彼にはすでに悪魔が宛がわれているのだから。悪魔は彼に罪を美しいものと思い込ませ、おかげで彼はたやすくそれを犯すことになる。また彼をそそのかして後悔を怠らせ、そのために彼の欲望は彼をひどい怠け者にする。

哀れなのはこのような怠け者である。彼の生はそれ自体、彼についての反対の証であり、彼の生きた日々そのものが彼を罰へと導く。

われらは誉れ高きアッラーに乞い願う。われらと君たちに分け隔てなく確かな恵みを授け給い、さらに主への服従に怠りなく、死後も恥辱、悲しみに見舞われることのなきよう、身を持することを心掛けさせ給え。

第六十四の説教

＊アッラーの諸属性について

讃えあれアッラー、彼においてはある状態が他の状態に先行するということはない。したがって彼は最後である前に最初であり、隠れてある以前に明らかである。すべて一と呼ばれるものは、彼を除いて小さく、すべて栄誉ある者は、彼を除いて卑しく、すべて力ある者は、彼を除いて弱く、またすべての主人（マーリク）は、彼を除いて奴隷（マムルーク）である。さらにすべての知者は、彼を除いて知の求め手であり、すべての能力ある者は、彼を除いて時に力あり、時にそれに欠ける。すべての聞く者は、彼を除いて秘かな音や大きな音、遠くの音を聞き取ることができない。またすべての見る者は、彼を除いて薄い色、微妙なものを見分けることがない。すべて明らかなものは、彼を除いて秘められることはなく、すべて秘められたものは、彼を除いて明らかになることはない。

彼は自らの権威を強めるために被造物を創ったのではない。また時の結果を怖れた訳でもなく、相似た者や、驕り高ぶった仲間、敵対者の攻撃を怖れてのことでもない。そうではなくすべての被造物は彼に臣従し、彼に付き従う下僕である。

彼はその中に存在するといわれるように、なにかの中に存在するのではなく、それから離れているといわれるように、なにかから切り離されてはいない。彼は始めた創造、被造物の管理に疲れることがない。彼の被造物に欠陥が生ずることはなく、彼が命じ、定めた事柄に齟齬が介入したこともない。それどころか彼の決定は断固としたものであり、その知に誤りはなく、その管理は正確極まりない。彼は不遇の時にも求められ、恩恵を与えられても畏敬の対象となる。

第六十五の説教

＊スィッフィーンの戦いの最中に友軍に対して

ムスリムのともがらよ、つねに神を畏れ、心の安らぎで身を包み、歯を噛みしめるのだ。なぜならそれで剣は、頭から逸れるだろうから。そして武器を万全に整えよ。剣は刃を抜く前に鞘の中で揺すること。それから敵を睨み回し、槍で左右に突き、刀を振るって敵に切りつけるのだ。心せよ、君たちはアッラーの御前にあり、御使い――彼とその一族に祝福あれ――の従兄弟と共に戦っていることを。繰り返し敵に挑み、逃げ出してはならない。逃亡は末代までの恥で、裁きの日には劫火に焼かれることになる。喜んで命を（神に）捧げ、平然と死に立ち向かえ。敵のこの大群と、張られた天幕に気をつけて、中央に攻めかかるのだ。なぜなら悪魔は敵軍の中に身を隠し、攻撃の際には手を広げ、撤退の折には足を後ずさりさせる。君たちのために真理の旗がなびくまで、ただ耐えに耐えることだ。「君たちは優位にあり、アッラーは君たちと共にあって、君たちの行為を蔑《ないがしろ》にすることはないであろう。」〔クルアーン四七章三五節〕

第六十六の説教

＊アンサールの意味について

アッラーの御使い――彼とその一族に祝福あれ――の没後サキーファでの出来事▽が信者たちの長――彼に平安あれ――に届いた。そのとき彼は「アンサール▽たちの意見はどうだ」と尋ねた。すると人々は答えた。「われわれの中から一人の長を、貴方がたの中から一人の長をということです。」

そこで彼はいった。「なぜ君たちは彼ら（アンサール）に反論しなかったのか。神の御使い――彼とその一族に祝福あれ――はその遺志を、アンサールのうちで良い者は良い待遇をうけ、悪い者も赦されると伝えているではないか。」

そこで人々は尋ねた。「彼らにとって都合の悪いところはなんでしょう。」

彼はこう答えた。「もしも彼らの手に支配権があれば、彼らのために意志は残されなかったであろう。」

▽サキーファでの出来事
預言者の死後、アリーとその妻ファーティマ（預言者の娘）は預言者の埋葬の準備を行っていたが、他方、教友たちは預言者の後継者（カリフ）について議論を交わし、協議の結果、アブー・バクルを選出した。

▽アンサール
メッカにおける迫害を逃れマディーナへ移住したムハージルーン（移住者たち）を、温かく迎え入れ保護したマディーナの信徒に与えられた称号。

そして「クライシュ族はなんといっている」と尋ねると、人々は答えた。「彼らは自分たちが御使いの家系に属しているといいました。」

そこで彼はいった。「連中は家系を盾にして、実を損なえとでもいうのか。」

第六十七の説教

＊ムハンマド・イブン・アブー・バクルをエジプトの総督に任命したが、彼は戦いに敗れ、殺害された

私はエジプトをハーシム・イブン・ウトバ▽の手に委ねようと思っていた。そうしていたならば彼は、敵に道を譲らず、機会を与えることもなかったであろう。ただしこれはムハンマド・イブン・アブー・バクル▽に対する非難ではない。私は彼を愛し、重用した。

第六十八の説教

＊味方の軍勢を非難して

いつまで私は君たちにへつらっていなければならないのか。まるで痩せ細った若い駱

▽ハーシム・イブン・ウトバ
アリーから篤い信頼を受けていた側近。スィッフィーンの戦いにおいて戦死。

▽ムハンマド・イブン・アブー・バクル
アブー・バクルの死後、アリーはわが子のように養育した。エジプトの総督となるが、ムアーウィアの軍勢の進軍を受けて敗走し、後に敵の手に落ち殺害される。（六三一年生～六五八年没）

駝にへつらったり、一方を繕《つくろ》えば他方が破れるようなぼろ切れにへりくだるように。シリアの前衛隊が君たちに襲いかかるたびに君たちは門を閉ざし、蜥蜴《とかげ》が穴にもぐり込み、穴熊が巣に引き籠るような有様だ。神かけて、君たちが加勢する者に屈辱あれ。君たちが加勢して矢を射る者は頭も矢尻も壊れた矢を放っているようなものだ。神かけて、君たちは戦場では多勢だが、戦旗の許ではごくわずかに過ぎない。確かに私は君たちを鍛え直し、曲がった心を正す術を知っている。しかし自分を汚してまで鍛え直すことはしない。

神よ、君たちの顔を汚し、滅ぼし給え。君たちは過ちを知るほどに真理を弁えていない。また真理を壊すほどに誤謬を打ち砕こうとはしない。

第六十九の説教

＊刃で刺された日の早朝に

座っている時に私は眠りに襲われた。すると私は神の御使い――彼とその一族に祝福あれ――が現れるのを目にした。そこで私はいった。「おお神の御使いよ、私はなんと酷く、惨《むご》い仕打ちを貴方の民から受けなければならないのでしょうか。」するとこのような答えがあった。「(神に)彼らの呪いを祈願せよ。」

そこで私はいった。「アッラーよ、私のために彼らを善人に変え給え。そして彼らのために私を悪人となし給え。」

アッ＝サイイドッ＝ラディーは次のように述べている。「アル＝アワドとは性悪なこと、アッ＝ラダドは残酷なことを意味するが、これは最も雄弁な表現である。」

第七十の説教

＊イラクの民を非難して

ところでイラクの民よ。君たちはまるで妊娠の終わりの時期に死んだ子を産み落とし、亭主とも死に分かれて長い一人暮らしをし、遠い親族だけが彼女の遺産を受け取る孕《はら》み女のようだ。神かけて、私は自ら好んで君たちのところに来たのではなく、仕方なくやってきただけだ。

私は君たちが、アリーは嘘つきだと公言していると聞き及んでいる。神よ、君たちと戦いを交え給え。一体私が誰に嘘をついたというのか。アッラーに対してか。しかし私は彼を信じた最初の者だ。彼の預言者に対してか。だが私は彼の正しさを確言した最初の男である。確かに違う。神かけて、それは君たちの信用を失わせる物いいだ。君たちは信用のおける者どもではない。君たちに災いあれ。よしんばそういういい方が許されるにしても中身のないいい草だ。「確かに君たちは、いずれそのことを理解するであろう。」〔クルアーン三八章八八節〕

第七十一の説教

＊預言者――彼とその一族に祝福あれ――に対する祝福の言葉を唱えることの意味を人々に教示して

おおアッラー、大地を広げ、七天を支え、良し悪しにかかわらずよろずの本性を創造された御方よ、最良の祝福といや増す恵みを、貴方の下僕にして御使いのムハンマド――彼とその一族に祝福あれ――に授け給え。彼は預言者の封印にして、閉ざされたものを開き、真理を真理で告げ知らせ、誤謬の軍勢を撃退し、迷妄の攻撃を打ち破る者。

彼は与えられた責務を果たし、貴方の命令に従い、貴方の望むとおりに前進し、その決意に怯《ひる》むところなく、貴方の啓示に耳を傾け、貴方との誓約を厳守し、貴方の教えの宣布に専念し、それを求める者のために灯をともし、夜の暗闇を歩む者の道を明らかにする。悪行や罪に悩まされた後に心は彼の手によって正道に導かれたが、彼は明らかな導きの徴と光り輝く訓戒をもたらした者に他ならない。彼は貴方の真の受託者であり、貴方の隠れた知の保有者、審判の日の貴方の証人、貴方の真理の伝え手にして、創られたもの皆に対する貴方の使者である。

アッラーよ、彼のために貴方の影の下に広い場所をしつらえ、貴方の恵みによって限りない報償を授け給え。

アッラーよ、彼の創り上げた建物をすべての建造物より高く保ち、貴方の御許における彼の地位を最も高くに定め、そして彼のために彼の光を完成し給え。貴方の預言者としての重責を果たした褒賞として、彼の証言が受け入れられ、その言葉を愛でられることを保証し給わんことを。彼の論理は明晰にして、その判断も明快この上ないゆえに。

アッラーよ、われらと彼に隔てなく共に生の喜び、絶えざる恩恵、欲望の充足、快楽の愉しみ、安逸な生活、心の平安、名誉の贈り物を与え給え。

第七十二の説教

＊バスラにおけるマルワーン・イブヌ＝ル＝ハカム▽について

駱駝の戦いにおいてマルワーン・イブヌ＝ル＝ハカムは捕虜となり、アル＝ハサンとアル＝フサイン——彼ら両名に平安あれ——に、信者たちの長——彼に平安あれ——への執り成しを頼んだ。そこで二人がこの話をすると、信者たちの長——彼に平安あれ

▽マルワーン・イブヌ＝ル＝ハカム　ウスマーンの甥にあたる。メッカ陥落の際にイスラームに改宗していたが、預言者を悩ます数々の行為により、

——は彼を釈放した。そして二人が、「信者たちの長——彼に平安あれ——よ、彼は貴方に忠誠の誓いをするといっていますが」といった後で、次のような話をした。

彼はウスマーンの殺された後に、私に忠誠の誓いをしたのではなかったか。いま私には、彼の忠誠の誓いは必要ではない。なぜならば彼の手はユダヤ人の手なのだから。彼がその手で私に忠誠を誓っても、すぐに反故にすることであろう。

そうだ、彼はいずれ犬が彼の鼻を舐めるほどの期間、支配者の座に就くことになろう。彼は四頭の牡羊の父親だ。彼とその息子たちの手によって、人々は辛い日々を過ごすことになるであろう。

第七十三の説教

*人々がウスマーンに忠誠を誓うことを決めた際に

君たちは他の誰よりも私がカリフの座にふさわしいことを知っているはずだ。神かけて、ムスリムの状況が平穏で、特に私を除いてなんの圧政もない限り、その利点を考慮に入れて、君たちが惹かれ、誘われるままに争っている地位から、身を引いておくことにしよう。

メッカに入ることが許されなかった。第三代カリフ、ウスマーンに取り立てられ、着々と権力を築き、後にきわめて短期ながらウマイヤ朝第四代カリフに就任するまでになる。（六八五年没）

第七十四の説教

＊ウマイヤ家の一族が、ウスマーン殺害に加担したという嫌疑をかけているという話を伝え聞いて

ウマイヤ一族の私に関する知識は、私に対する非難を控えさせるに十分ではないのか。私の早い入信はこれら無知蒙昧な連中の猜疑心を押し留めることはないのか。アッラーの説諭は、私の舌より雄弁なはずだ。私は信仰を捨てた者たちの敵であり、疑いをそそのかす者どもに反抗をいとわない。疑わしき行為はアッラーの書の前に差し出され、人々は心の内にあるものによって、報いを受けることになる。

第七十五の説教

＊説教と忠告について

アッラーよ、このような者に恵みを与え給え。叡智を耳にして心に留め、正道に招かれてそれに近づき、正しい指導者に付き従って救いを手にし、常に心に主を思い描き、

罪を怖れる者。彼は行いを正し、正しき道を歩み、来世の宝を手にし、悪行を避け、正しい目的に専念し、良き報酬を獲得する。また欲望を克服し、いたずらな望みを振り払い、忍耐を救いの手段とし、敬虔さを死の糧とする。彼は名誉の公道を突き進み、明らかな真実の道をひた走り、無駄に時を弄せず、最後の準備をし、善行を蓄える。

第七十六の説教

＊ウマイヤ一族について

ウマイヤ一族は、ムハンマド——彼とその一族に祝福あれ——の残した遺産を少しずつ私に譲っている。神かけて、もしも私が生き残ったならば、肉屋が汚れた肉から埃を払うように彼らを追い払うであろう。

アッ＝サイイドッ＝ラディーは次のように述べている。「別の伝承では〈アッ＝トラーバ＝ル＝ワディマタ〉とも伝えられているが、これは心臓の上の意味である。信者たちの長——彼に平安あれ——は、〈ラユファッウィクーナニー〉という表現を用いているが、これは彼らが自分に、雌駱駝が乳を与えるように、財産を少しずつ分け与えるという意味である。ちなみに雌駱駝は子供に乳を一吸いずつ与える。

また〈アル＝ウィザーム〉は〈ワザマ〉の複数であるが、胃または肝臓の一切れで、土に落ちたものである。それで埃が払い落される。」

第七十七の説教

＊信者たちの長――彼に平安あれ――の祈願

アッラーよ、私が知る以上に貴方が知っている私を赦し給え。私が（罪に）赴けば、私への赦しに向かって歩み給え。

アッラーよ、私が自分に約束しながら貴方がその不履行を認める事柄について赦し給え。

アッラーよ、舌で貴方に近づくことを願いながら、心でそれを果たさなかったことを赦し給え。

アッラーよ、私の瞼《まぶた》のまたたき、悪しき言葉遣い、心に抱く欲望、舌の過ちを赦し給え。

第七十八の説教

＊彼がハワーリジュ派に対して進軍することを決断した際に、味方のある者がいった。「信者たちの長——彼に平安あれ——よ、もしも貴方がいま兵を動かすならば、星占いによれば目的が叶えられないのではないかと怖れます。」そこで彼——彼に平安あれ——は答えていった。

君は、出かければ害がないような時をうまく知り、出かければ酷い災難に遭うような時について警告を与えることができると思うのか。
君のいうことを正しいと考える者は、クルアーンを偽物と決めつけ、好ましいことを成就し、忌むべきことを退けるアッラーに助けを求めることを、放棄するであろう。その場合、君のいう通りに行動する者は、アッラーではなく君を讃えることにならざるをえない。なぜならば君はその誤った考えで相手に時間を指定し、その結果、彼は利益を手にし、害を避けることになるからだ。

それから信者たちの長——彼に平安あれ——は人々の近くに歩みを進めていった。

やあ皆の者よ。星占いなどを学ぶことに気をつけなければならない。陸路を行くか、海上を進むかといった場合を除いては。なぜならそれは占いに通ずるからである。星占い人は占い師のような者であり、占い師は魔術師のような者、魔術師は不信者のような者に他ならない。そして不信者は地獄行きである。
アッラーの御名の下に歩むのだ。

第七十九の説教

＊駱駝の戦いの後で女性を批判して

皆の者よ、女性は信仰心に薄く、分け前も少なく、知性にも欠けている。彼女たちの信仰上の欠陥についていえば、月経の期間彼女たちは礼拝も断食も行わないからだ。また彼女たちの知的な欠陥としては、証人に関して男性は一人で足りるのに、女性は二人必要なことが挙げられる。分け前の少ない点については、彼女たちの相続分は男性の半分である。

それゆえ女性の悪に注意せよ。優れた女性に対しても警戒を怠ってはならない。良い事柄についても彼女たちに付き従い、悪に誘われぬよう心がけねばならない。

第八十の説教

＊禁欲について

皆の者よ。禁欲は期待を抑制し、恵みに感謝し、禁を破らないためのものである。もしもこれが可能ならば、禁止は君たちの忍耐を上回るものではない。君たちは恩恵に関する自分たちの感謝の念を忘れてはならない。アッラーはつとに、明快な論理と確実な聖典によって君たちに確証を与えている。

第八十一の説教

*現世の様相について

始まりは苦痛で、終わりは滅亡である現世について、私はなんと説明したらよいであろうか。許された行為は計算され、禁じられた行いは処罰の対象となる。そこで富を得た者は不幸に見舞われ、貧しい者は苦しみに喘ぐ。それを追い求める者には手に入らず、座視する者には近寄って来る。それを見極めようと試みる者には視力が与えられるが、それに目を向け捕らわれる者は盲目になる。

アッ＝サイイドッ＝ラディーは次のように述べている。「信者たちの長――彼に平安あれ――の〈ワ・マン・アブサラ・ビハー・バッサラトフ〉という表現について深く考察する者は、その背後に驚くべき意味と奥深い含意を認めるであろう。その目的は及び難く、その深みは極め難い。とりわけこの表現が〈ワ・マン・アブサラ・イライハー・アアマトフ〉と比較対照される場合、特にこのことは明らかである。〈アブサラ・ビハー〉と〈アブサラ・ラハー〉の相違はきわめて明白であり、この上なく素晴らしい。」

第八十二の説教

*アル＝ガッラーウ（感嘆）と呼ばれるもので、特に素晴らしい説教の一つとされている

讃えあれアッラー、なによりも高くにおわし、その恩恵によって（被造物の）近くにおわす御方。彼はすべての報酬と恩恵の与え手にして、あらゆる災厄と危害を取り払い給う。私は彼を讃える、その絶えざる施しと遍ねき恵みのゆえに。私は彼を信じる、彼が第一の、明らかな存在であるゆえに。私は彼の導きを求める、彼はいと近くにまします導き手であるゆえに。私は彼の助力を求める、彼は力強く万能であらせられるゆえに。私は彼に身を委ねる、彼は有能にして欠けるもののないゆえに。そして私は証言する、ムハンマド――彼とその一族に祝福あれ――は彼の下僕にして御使いであることを。彼はその命令を実行させ、願いを果たし、警告を与えるために御使いを遣わされ

た。

＊人々に敬虔さを勧めて

私は君たちアッラーの下僕に勧告する。アッラーを敬うのだ。彼は君たちにさまざまな説明を与え、君たちの死期を定めると共に生きるための備えを準備し、君たちに生活のたつきを施し、知恵を授け、報酬を用意し、あふれる恵み、豊かな贈り物を与えると同時に力強い論理で警告を与えている。彼は君たちの数を数え上げ、この試練の場、経験の家居における年齢を定めている。

＊現世に警告して

君たちは現世で試練をうけ、それに関して計算される身だ。まことに現世は汚れた水場であり、その水は泥水だ。見かけは素晴らしいが、中身は壊れやすい。移ろいやすい偽物で、消えかかる影、倒れかかった柱のような代物だ。それを軽蔑する者の気が変わり、見慣れぬ者がそれを気に入ると、急に跳びはねて罠にかける。そして彼はその放つ矢の標的となり、頸《くび》に死の綱を巻かれ、おぞましい空き地、狭い墓場に連れ込まれてそこを居場所と定められ、自分の行いの報いとされる。このようなことは世代から世代へと続き、死は人々を切り刻み続け、生き残った者にしても罪を犯すことを止めない。

＊死と復活

彼らは互いに競い合い、群れをなして最後の目的地、死の場にたどり着くまで歩み続ける。しかし万事は終わりを告げ、世界は死に絶え、復活が近づく。アッラーは彼らを墓の隅々、鳥の巣、獣の住処、死の溜まり場から引きずり出し、彼らは急いで神の指示に従い、終の住処と定められた場所に、群れをなし、直立の姿勢で、列をなしながら、黙々と早足で歩んでいく。彼らはアッラーの視野の中にあり、呼び出された者は尋問を受ける。彼らは断念の衣を身につけ、隷属と屈従の衣装をまとっている。策謀は力を失い、希望は断たれ、心は萎え、声は歪み、汗は喉を詰まらせるほど流れ、恐れはいや増し、雷鳴のような大音声は耳を聾するばかりである。その声は彼らに最後の審判を告げる呼びかけ人のものであり、ふさわしい報酬が分け与えられ、厳しい罰、豊かな報償があることが知らされる。

＊生命の限界について

下僕たちは（神の）力の徴として創られ、権威の下に育まれる。彼らは苦しみと共に死に、墓に埋められ、粉々になる。それから一人ずつ呼び出され、ふさわしい報いを受けることになるが、彼らの行為はそれぞれ正確に計算される。人々は救済のための時を与えられており、正しい道を教えられ、生活の中で心の満足を得る術を授かっている。疑いの暗闇は取り除かれ、試練の場として自由に生き、審判の日の競争の準備をし、慎重に目標を定め、利益を確保し、次の居場所のために行いを正す機会を与えられている。

＊敬虔さなしに幸福が得られないことについて

なんとこれらの説明は正しく、訓戒に誤りのないことよ。澄み切った心、開かれた耳、断固とした意見、鋭い知性の持ち主にこれらは受け入れられる。

それゆえアッラーを畏れ敬うのだ。忠言を耳にすればそれを聞き入れ、罪を犯した際にはそれを認め、畏れを感じた折には行いを正し、心に悟ったならば善行にいそしみ、信じたならば徳行を積み、教えを受けたならそれを身につける。戒めを受けたならば悪を避け、呼びかけに応えて直ちにアッラーの許に急ぎ、悪行を避けた折には悔い改め、他人に従われたらそれを真似し、正しい道を知らされたならばそれを認める。それゆえ速やかに真理を求め、誤りを避けよ。備えを蓄え、心を清め、来世に心を致し、旅立ちの日の準備を怠らず、道中の必需品、もの入りに備え、次の住処を目指して進むように。

アッラーの下僕たちよ、アッラーを畏れるのだ。彼がなにゆえに君たちを創り給ったかについて心し、彼を畏れて命じられたことの遵守に努め、彼の約束にふさわしく身を持し、その約束の正しさを信じ、審判の日の畏れに対処するのだ。

＊アッラーの恵みについて

アッラーは君たちに重要なことを聞き取る耳を授け、盲目の代わりにものを見る眼を与え、多くの部分からなる手足を下さった。それらの曲がりはその形状、成長の度合いにふさわしい。彼はまた体を支える胴体、食糧を求めるのに忙しい心臓や、その他もろもろの恩恵——授かったものを蓄え、安全を保つために必要なものを授けられた。

アッラーは君たちの知らない命の長さを定め、君たちに教え諭すために先人たちの遺産を残した。これらの人々も生を享受し、なに一つ煩わされることはなかった。

希望が果たされる前に死が彼らを襲い、その手が彼らをそれから切り離した。彼らは肉体が健全な間準備をせず、若年の間に教訓を学び取ることがなかった。だがこれらの年若い人々は背の曲がった老年に気づいているであろうか。若々しい健康を享受している人々は突然の病を予期しているであろうか。未だ生ある者たちは死の時を待っているであろうか。別れの時が近づき、出発の日となると、心の悩みはいや増し、苦しみ痛みに襲われ、唖で喉も詰まるほどとなる。すると遠くや近くの親族やさまざまな友人たちに助けを求める。しかし親族たちは死から護ってくれるであろうか。泣き女たちはなにかの役にたつであろうか。彼はただ死の場所に連れ去られ、狭い墓場の片隅に一人留めおかれるだけであろう。彼の皮膚は蛇どもに食い千切られ、その若々しさはさまざまな労苦によって失われる。つのる嵐は彼の足跡を吹き飛ばし、数々の災厄は彼の印を拭い去る。生気あふれる肉体は干からび、頑丈な骨も腐り果てる。そして精神は罪の重みに喘ぎ、ありもしない事柄に気を取られる。しかしいまとなっては新たに善行を付け加えることもならず、悪行の罪が赦される訳でもない。

君たちはこのような死者たちの息子、父親、兄弟、親族ではないのか。彼らの足跡を追い、彼らの歩んだ道を歩むのではないか。しかし心は未だにそのようなことに気遣いを示さず、正しい導きなどはさしおいて、迷いの道を進み続ける。まるで呼びかけられているのが他の誰かであり、正しい道とは現世の利益を蓄えることであるかのように。

＊審判の日への心がけ

良く弁えておくことだ。君たちは（来世への）道を渡らなければならないが、そこでは足取りはふらつき、滑りやすく、一足ごとに危険がある。神の下僕たちよ、アッラーを畏れ敬うのだ、賢い人物の敬虔さをもって。その心は神への思いに忙しく、身体は神への畏怖に充ちあふれ、夜の祈りは短い眠りを目覚めへと変える。希望は昼の間、彼に絶えず渇きを覚えさせ、禁欲は厳しく彼の欲望を抑え、祈念は絶え間なく彼の舌を動かし続ける。彼は安全を求めて神を畏れ、上り下りの坂を避けて平坦な道を行き、目的を達成するために近道を選ぶ。物欲しさに戸惑いを見せることもなく、不確かさに目を眩まされもしない。そして快適な眠りと平穏な生活の中で、良き報せ、豊かな満足をわがものとする。彼は現世を好ましい生きざまで過ごし、来世に向けて善行を蓄える。悪行を怖れて善行に急ぎ、短い時間をきびきびと過ごす。そして終の喜びを真剣に求め、悪から遠ざかり、今日の日に明日を思い、将来のことを慮る。確かに楽園は最上の報酬であり、成果である。また地獄はふさわしい懲罰であり、苦痛である。アッラーは力強い報復者にして助力者であり、クルアーンは最良の論証にして、（悪に）敵対する最強のものである。

＊悪魔に対する警告

私は忠告する。アッラーを畏れるのだ。神は警告に対していかなる弁解も認めない。示した事柄については論議を尽くし、君たちの敵について警告を与えている。彼は秘かに心のうちに分け入り、こっそりと耳打ちして道を誤らせ、破滅させる。彼は（偽りの）約束をして誤った印象を与え、重い罪を美しく飾りたて、酷い過ちを軽く見せる。そして自分の仲間を騙しおおせ、約束を果たし終わると、美しいと思わせてきたものの欠点を取り上げ、軽いとしてきたものを重いとし、安全と偽ったもので脅しをかける。

＊人間の創造について

ところで神が創られた人間を見るがよい。これは暗い子宮、幾層もの帳の中であふれ出る精液から創られたものであり、それから形のない凝血となり、胎児となり、乳飲み子から子供になり、成人した若者となった。

それから神は、彼に記憶を持つ心臓を授け、物語る舌、見るための眼を与えた。これは彼が教えを学び、訓戒を理解するためである。しかし成長し、体長が成人なみになると、高慢になり、迷いが生じてくる。水桶にいっぱいの欲望を汲み上げ、現世の快楽を求め、望みを果たすことに汲々とし、前後の見境もなく、なんの恐れ、気遣いもない。彼は悪に浸ったまま死に、短い命をいたずらごとのために費やす。なんの報酬も得ず、どのような義務も果たすこともない。

しかし彼が未だに気力があり喜びに浸っている間に、突然致命的な病が襲いかかって来る。彼は途方にくれ、重苦しい悩み、激しい痛み、不快感に見舞われ、夜も眠れないままである。周りには実の兄弟、愛しい父親、不安に打ちひしがれる母親、怯《おび》えて泣き叫ぶ姉妹が付き添っているが、彼自身は気も狂わんばかりの不安、酷い麻痺状態、あるいは激しい痛み、苦しい吐息、死の喘ぎに悩まされている。

その後、彼は死装束に包まれ、身動き一つせず、すべて他人任せの状態で、激しい労苦に疲れ果て、痛みに痩せ細った姿で板の上に乗せられる。そして多くの若者や居合わせた兄弟たちが彼を訪れる者とはすっかり縁のない、一人淋しい住処へと運びこむ。彼に連れ添った人々はすぐにその場を離れ、彼のために泣き悲しんだ者たちも家路につく。そこで彼は墓場に座らされ秘かに恐ろしい尋問、難解な試験を受けることになるが、そこで被る災難は煮えたぎる熱湯と、絶えざる劫火、熱い炎の地獄の苦しみである。そこには安らぎの時はなく、寛《くつろ》ぎの暇もない。なにものも執り成すことができず、死ですら安らぎをもたらさず、眠りも彼の痛みを和らげることはない。彼は度重なる死の中におかれ、時々刻々懲罰を受ける羽目になる。われらはアッラーにこそお縋《すが》りする。

＊死者から学ぶ教訓

おおアッラーの下僕たちよ、長い生命を与えられ、多くの恵みを授かった者たちはどこにいるのか。彼らは教えを受け、多くを学び、十分な時を授かったが、それを無駄に費やした。彼らは健康に恵まれたが、（なすべきことを）忘れてしまったではないか。彼らは長い時を与えられ、潤沢な恵みを授かり、厳しい罰の警告を受け、大きな報償を約束されていた。だから君たちは破滅に導く罪、（アッラーの）怒りを招く悪行を避けるのだ。

おお聞く耳を持ち、見る眼を備え、健康と富を手にする者たちよ、いったい（現世の）どこに確かな護りの場、安全な地、避難所、隠れ場、安息所、逃亡の機会、帰還の場所があるというのか。そうでないとしたならば、どうして態度を変えるのか。それともどこかに行く場所でもあるのか。だが一体なにに騙されたのだ。現世からの君たち一人一人の分け前は、身の丈、体格にふさわしいだけの土地に過ぎない。そこにそれぞれは、頬を泥だらけにして横たわるだけだ。

おおアッラーの下僕たちよ、いま君たちの首は綱を巻かれてもいず、心に枷がはめられている訳でもない。いまこそ正しい導きを求める時なのだ。肉体は健全で、人々と集い、未だに残りの時間は沢山ある。君たちは自分の意志で行動する機会を与えられている。悔い改める機会もあり、安らかな時を送ることもできる。逆境、不運に見舞われる前に、もしくは恐れや衰弱に襲われる前に、また当然やってくる死が近づき、力強く、偉大な神の手に捉われる前に（なすべきことをしておかなければならない）。

アッ＝サイイドッ＝ラディーは次のように述べている。「信者たちの長――彼に平安あれ――がこの説教を行ったとき、人々は震えおののき、目から涙が滴り落ち、心は畏れに充ち満ちた。そこである人々がこの説教を〈アル＝フトバト＝ル＝ガッラーウ〉、素晴らしい説教と呼んだということである。」

第八十三の説教

＊アムル・イブヌ＝ル＝アース▽について

アン＝ナービガの息子には驚いたものだ。彼はシリアの連中の間で、私が道化師で、遊び人であり、社交家で、女遊びが好きだと触れ回っているそうだ。だが彼は嘘つきで、罪作りなことを口にしているに過ぎない。しかし虚言ほど悪質なものはない。彼は話をしては嘘をつく。約束をしてはそれを破り、物乞いはするがけちであり、約束は破り、親族は疎遠にする。戦場においては下知をし、命令をするが、それも剣が働かない間だけのことである。その時が来ると彼の策略は、（助命のために）敵の前で裸になることである。

神かけて、死の思いは私を遊びごとから遠ざけるが、来世の無視が彼に真実を口にすることを控えさせる。彼がムアーウィヤに忠誠を誓ったのは、故ない訳ではない。予めその代償の支払を彼から取り付け、彼が宗教を捨てた報償を与えたのである。

第八十四の説教

▽アムル・イブヌ＝ル＝アース　スィッフィーンの戦いでアリーが振りかざした刀剣を前に、なりふりかまわず裸となって助命嘆願の意を示し、アリーはそれを受け入れた。

＊アッラーの完全性と教訓

私は証言する。アッラー以外に神はなく、彼は唯一にして、彼に比せられるものはなに一つない。彼は第一者にして彼の先になに一つなく、最終者にして彼に終わりはない。想像はいかなる彼の性質も捉えることができず、心もその本性を確認しえない。分析も分類も彼には適用されず、眼も心も彼を捉え尽くすことはない。

＊他の部分

おおアッラーの下僕たちよ、有益な教え、明白な指示から教訓を汲みとり、適切な警告から諭しを受け入れ、祈念と説教を役立てるように。まるで君たちは死の爪に摑まれ、希望の絆を断たれ、苦難に襲われて、赴くべき場所、死に突き進んでいるようだ。「すべての者はそれぞれ導き手と証人を持っている。」〔クルアーン五〇章二一節〕導き手は彼を復活に導き、証人は行いの証言を提供する。

＊楽園について述べた他の部分

楽園には多くの層があり、さまざまな住処がある。そこに住まう者に恵みは絶えることなく、そこから旅立つこともない。そこに永遠の住処を得た者は年を取ることがなく、その住人は苦しみを知らない。

第八十五の説教

＊来世への準備を進めアッラーの命令に従うべきこと

アッラーは隠れた事柄を知り、心の内側をご存知である。彼はすべてを覆い尽くし、万事に打ち勝ち、それらを支配される。それゆえ君たちの誰しもが、死が迫る前の日々の生活で行うべきことを果たさなければならない。仕事に追われる前の自由な時間に、窒息に襲われる前の自由に呼吸ができる間に、自分自身と旅立ちのために準備をすること。停止の場から滞在の場のために備えを怠らないことだ。

おおアッラーよ、アッラーよ。皆の者よ、神が聖典の中で留意するよう促したもの、君たちに託した真理に気を配るのだ。至高の神は君たちを無駄に創られたのではない。君たちをそのままに放っておいた訳でもなく、無知蒙昧のままに投げ出した訳でもない。彼は君たちが後に残すべきものを規定し、君たちが行うべきことを教え、君たちの生命を定め、君たちに聖典を下してすべてを説明した。神は預言者を君たちの許に遣わして長く生を共にさせ、彼と君たちのために聖典に下したものから満足のいく宗教を完成させ、彼を介して善行、悪行、神の命令、禁止を明らかにした。彼は君たちに論議を提示し、君たちに対する赦しを与えられた。彼はまた君たちに約束を示し、厳しい罰を警告もしている。

それゆえ残りの日々に償いをし、その間に忍耐に努めるがよい。これらの日々は、君たちが訓戒に対して無視、軽視の態度をとってきた長い日々に比べると、極めて短い。自分たちのために時間を費やしてはならない。そうすることは君たちを悪行の徒の道に誘うであろう。また現実にへつらってはならない。それは君たちを罪深さへと押しやらずにはいないだろう。

アッラーの下僕たちよ。自分に対する最善の忠告はアッラーに最も良く従うことであり、自分に対する最大の偽りは主に対する反抗を極めることである。自らを偽った者は偽られずにはいない。羨むべきは宗教心の確かな者である。他人から諭しを受け入れる者は幸せを手にし、自分の欲望の虜となる者は不幸になる。最も小さな背信もアッラー以外のものを信ずることと同様であり、欲望の徒との交わりは信仰心を失う原因であり、悪魔と席を共にすることに他ならないと知るべきである。偽りを避けるのだ。なぜならばそれは信仰に反するものなのだから。正義の徒は救いと誉れの極みにあり、虚言を弄する者は不名誉と没落の淵にある。妬み心を持ってはならない。なぜならば嫉妬心は、火が乾いた木を燃やすように信仰心を食い尽くすのだから。悪意を抱いてはならない。それは（美徳を）削ぎ落す。いたずらな望みは知の働きを低下させ、記憶を弱めることに心しなければならない。それゆえ空しい希望を退けるのだ。それは失望の源なのだから。欲望に捉われた者は、裏切られる。

第八十六の説教

＊信仰心篤い者の性質について

アッラーの下僕たちよ。アッラーを最も畏れる者は、アッラーがおのれを持する力を与えられ、そのために心に悲しみを抱き、外面には畏れを示し、心には導きの灯を燃やし続ける。彼は必ずやってくる最後の日のための備えをし、遠くのものを身近に引き寄せ、厳しい試練をもたやすいものとする。ものを見れば了得し、（神を）思っては（善行に）いそしむ。彼は甘い水を飲むが、水場に赴くことになんの困難もなく、飲み水に不自由はせず、水場への道も平坦である。

彼は欲望の衣を脱ぎ捨て、心配事は自分自身の問題（欲望にかまけない努力）に限られる。彼は雑事に目を眩まされることはなく、欲望の徒と交わりもしない。そして正しい導きの扉の鍵となり、破滅の扉の錠前となる。また自らの歩むべき道を弁え、その道を歩み、導きの柱を知り、深い淵を渡りきる。

彼は最も信頼に値する助けと、強い綱にすがる。彼の確信は太陽の光のように明らかで、直面するすべての事柄に対処するに当たり、最も高貴な成果を上げるために至大なるアッラーを鑑とし、すべての別れた枝々をその根元に結びつける。彼は暗闇の中の灯であり、見失ったあらゆるものを明らかにし、曖昧さを解く鍵、複雑さを取り除く要、荒漠たる砂漠の案内人である。口にすることは聞き入れられ、黙することは正しい。

彼はもっぱらアッラーのために行為を行い、アッラーもまた彼を良しとする。それゆえ彼は宗教の鉱石、大地の柱であり、彼自らが公正さそのものである。その公正さの第一歩は自ら欲望を断ち、正義のなんたるかを定義し、それに基づいて行動することにある。彼が目指さなかったもの以外に善はなく、意図しなかったものの他にそれは考えられない。彼は聖典を手綱とし、それは彼の道案内、指導者である。彼は聖典が荷を下した場所に留まり、それが宿りと定めたところを宿りの場とする。

＊不信者の性質について

しかしこれとは違って自分を賢者と呼ぶが、実はそうではない者がいる。このような者は無知なものから無知を、迷えるものから誤謬を仕入れ、人々に偽りと虚言でできた罠を仕掛ける。彼はクルアーンを自己流に解釈し、真実を自分の欲望とすり替え、人々に大きな罪も怖れることはなく、重罪も軽いものとして、「紛らわしい問題の（正解を）

待っているのだ」という。しかし彼はその中に浸っているのだ。また「自分は新しい解釈とは無縁だ」と口にする。だが彼はまさにその真只中にいるのである。

このような者の姿かたちは人間だが、心は獣である。彼は進むべき正しい道の扉を弁えず、避けるべき迷いの道の扉も知らない。このような者どもは生ける屍に過ぎない。

＊預言者――彼とその一族に祝福あれ――の後裔について

彼らはどこに行こうというのか。どうして引き返すことができるのか。（導きの）道標は立っている。（美徳の）徴も明らかだ。ミナレットも定まっている。だが君たちはどこに欺かれて行き、どうして狼狽しているのか。君たちの中には預言者――彼とその一族に祝福あれ――の後裔もいるではないか。彼らは真実の手綱、宗教の徴、正義の代弁者たちではないか。君たちがクルアーンに付き従うように、彼らに従うのだ。喉の渇いた駱駝が水場に急ぐように、彼らの許に急ぐが良い。

皆の者よ、最後の預言者――彼とその一族に祝福あれ――の言葉に耳を傾けるのだ。「われわれのうちで死ぬ者は死んでいる訳ではない。われわれのうちで肉体の滅びる者は滅びる訳ではない。」知りもしないことを口にするのではない。なぜならば多く真実は、君たちが否定することの中にあるのだから。君たちが議論で太刀打ちできない者の議論を受け入れるのだ。それはまさに私のことである。

私は（二つの貴重なもののうち）最も重いもの（クルアーン）に基づいて君たちに対処しなかったか。また最も軽いもの（預言者の後裔）を残さなかったか。私は君たちに信仰の旗印を定め、許されることと許されないことの限界を教えた。また自分の正義をもって君たちに安全の衣を着せ、自らの言行によって君たちに美徳をまとわせ、身をもって徳ある行いを示した。それゆえ目に見えぬもの、もしくは考えの及ばぬことについて云々しないことだ。

＊ウマイヤ一族について

人々は考え始めている。世の中はウマイヤ一族のものとなり、それによって彼らは利益を手にし、豊かな水場に導かれる。いずれにせよ彼らの鞭や剣は、人々から取り除かれることはないと。だがそのようなことを考える者は虚言の徒だ。彼らは甘い生活の蜜を少しの間楽しむが、後ではそれを皆吐き出す。

第八十七の説教

＊共同体の分裂について

ところで至大のアッラーはこの世の暴君を、しばらく時と機会を与えた後でなければ滅ぼしはしない。この世の誰かの砕かれた骨を、彼らに災害、苦難を加えた後にしか継ぎ合わせようとはしない。これから受けるであろう苦しみも、これまでに被った災難も、君たちに教訓を与えるのに十分だ。だが心を持つ者がすべて賢いという訳ではない。耳を持つ者、眼を持つ者のすべてが、正しく見聞きする訳でもない。

驚くべきことだ。私はこの連中が宗教について語る間違った意見に驚かざるをえない。彼らは預言者——彼とその一族に祝福あれ——の足跡を正しく歩んではおらず、代理者の行いに付き従ってもいない。未知のものを信じてもいないし、過ちを遠ざけてもいない。疑わしいことを敢えてし、快楽をほしいままにするばかりである。彼らにとって自分たちが良しと認めるものは良く、自分たちが拒んだものが悪である。不幸を解決するために彼らは自分たち自身に頼り、疑わしい問題については自らの意見を信頼するだけである。まるで彼らの一人一人が自分のイマーム（指導者）であるかのように。彼は自分で決定したことには、十分な信憑性があり、確かな根拠を持っているかのように思いこんでいる。

第八十八の説教

＊預言者——彼とその一族に祝福あれ——について

アッラーは他の預言者たちの派遣が終わり、人々が長い眠りについている時に彼——彼とその一族に祝福あれ——を遣わした。不和が頭をもたげ、万事が分裂し、戦いの火が燃えさかり、世界は光を失い、欺瞞が辺りを覆った。木々の葉は黄ばみ、実は稔らず、水は地下にもぐり、導きの徴は消え失せ、破滅の徴が姿を現した。そのさまは人々には厳しく、それを求める者の顔には顰《しか》め面があるばかりだった。その実は不和であり、糧食は死肉、内側の備えは恐れ、外側のそれは剣という有様であった。

それゆえアッラーの下僕たちよ、君たちの父祖、兄弟たちが巻き込まれ、それゆえに秤にかけられた悪行を思い起こすのだ。私の命にかけて、君たちの時間は彼らのそれとそう離れている訳ではない。君たちと彼らの間には長い時間、幾世紀もの隔たりはなく、いまの君たちと君たちが彼らの腰の中にいた時の隔たりも長くはない。御使い——彼とその一族に祝福あれ——が彼らに語ったことは、いまここで君たちが耳にすることとなんの相違もない。また今日君たちが耳にすることは、昨日彼らが聞いたこととまったく同じである。あの時、彼らのために開かれた眼、彼らに用意された心と同じものが、いま君たちに与えられている。神かけて、君たちは彼らが聞かなかったようなことをなに一つ耳にしていない。君たちは彼らが持たなかったようなものになに一つ不自由はしていない。確かに君たちは災厄に見舞われた。それは鼻に付けられた綱が揺れ動き、皮の帯紐が緩んでいる駱駝のようなものだ。だがこれらの誤った連中がどのような状態にあるとしても、それが君たちを惑わせることはないだろう。いずれにせよそれは限りある大きく広げられた影に過ぎないのだから。

第八十九の説教

＊アッラーの諸属性ならびにいくつかの助言

讃えあれアッラー、眼に見えることなく良く知られたる御方。思い煩うことなく創造を行われた御方。天蓋を持つ空、大きな扉の緞帳、真っ暗な夜、穏やかな大海、広い尾根を持つ山脈、曲がりくねった山道、平坦な大地、その他諸々の独立した被造物が存在する以前から常に在り続けた御方。

彼は創造を開始された、被造物の主におわす御方にして、創造の神であり、被造物の養い手におわす御方である。太陽と月はその御心のままに動き、すべての新しいものを古くし、遠くのものを近づける。彼は被造物に糧を分け与え、その行い、行為を数え上げ、その呼吸の数から、眼に隠されたもの、胸の中に秘められたもののすべてを見逃すことはない。彼はそれらの在り処、腰や子宮における状態から、その最後の結末に至るまですべてを承知されている。彼の敵に対する罰はその寛大な慈悲にかかわらず厳しいが、親しい者たちに対する慈悲は罰の厳しさに反して大らかである。反抗する者はことごとく打ち砕き、敵意を持つ者を打ちひしぎ、逆らう者を卑しめ、悪意を抱く者を打ち負かす。また彼を頼みとする者を満足させ、助けを求める者に力を貸し、（善行で）彼に貸しを与えた者に厚く報い、感謝の念を抱く者に報償を授ける。

アッラーの下僕たちよ、秤に掛けられる前に自ら秤を掛けるのだ。評価を受ける前に自分で評価を下し、息が詰まる前に大きく呼吸し、厳しく追いやられる前に素直に服従するのだ。もしも忠告者、警告者として自分自身を頼みにしない限り、他に誰も自分の忠告者、警告者は存在しないことを弁えなければならない。

第九十の説教

＊これはアル＝アシュバーフ（概要）の説教として知られる最も重要な説教の一つである

ある人物が信者たちの長――彼に平安あれ――に、自分の眼に見えるかのようにアッラーについて説明してくれるように求めた。それに対して彼は大いに立腹した。

マスアダ・イブン・サダカはジャアファル・イブン・ムハンマド・アッ＝サーディク▽――これら両名に平安あれ――によるものとして、以下の話を伝えている。アッ＝サー

▽ジャアファル・イブン・ムハンマド・アッ＝サーディク　シーア派の六代目イマーム。その説教の多くは、マスアダ・イブン・サダカによって伝承されている。（七〇二年生～七六五年没）

ディクはいっている。「信者たちの長――彼に平安あれ――はこの説教をクーファの説教壇で行った。これには次のような経緯がある。ある人物が彼のところにやってきていった。『おお信者たちの長――彼に平安あれ――よ、われわれが神を一層愛し、彼についてより良く知るために、主について話をして下さい。』すると彼は大いに立腹し、人々にマスジドに集まるように命じた。

するとと人々は集まり、マスジドが人で一杯になった。そこで彼は説教壇に登ったが、立腹の余り顔色も変っていた。そして至大なる神を誉め讃え、預言者とその一族の祝福を祈願して説教を始めた。」

＊アッラーについて

讃えあれアッラー、その節約、吝嗇《りんしょく》は彼を豊かにするものではなく、その功徳、施しは彼を貧しくすることがない。彼以外に施しを与える者は失い、すべての吝嗇漢は物惜しみを非難されるというのに。彼は豊かな施し、あふれる贈与、贈り物によって恩恵を与える。創られたもの皆は彼を頼みにし、生のたつきを保障され、糧食を授けられる。彼にすがり、彼の許にあるものを求める者には道を示し、求められたものについては、求められなかったもの同様に潤沢に与える。彼は先立つもののない第一の存在であり、したがって彼に先行するものはなに一つない。彼は後に来るもののない最後の存在であり、それゆえ彼の後にはなにものも存在しない。彼の存在は、人々の眼差しが見たり、認めたりすることの叶わないものである。時が彼を変えることはなく、それゆえ彼の状態に変化はない。また彼は場を占めることがなく、したがって彼には場所の移動はない。もしも彼が、山々の鉱物が表に晒し、大海の貝が吐き出す、金や銀、真珠や珊瑚のようなものを与え尽くしたとしても、その惜しみない恵みに影響を及ぼすことはなく、その限りない蓄えを絶やすことはない。彼の宿す限りない恵みは、もの皆の求めに応じ切れないような代物ではない。彼は限りなく寛大であり、乞食の頼みに窮したり、物乞いのせがみに吝嗇に迫られることはない。

＊クルアーンに記された神の諸属性について

尋ねる者よ、神のさまざまな属性については、クルアーンの記述に従うことだ。その導きの光に道を求めるが良い。悪魔が君たちに教えることはクルアーンが君たちに命じていることとでも、預言者とその一族――彼とその一族に祝福あれ――、正しい導き手の言行を踏み従ったものではない。それゆえそのような知については至大なるアッラーに委ねるが良い。それは君に対するアッラーの権利の最後の限界なのである。

確たる知の持ち主は、未知のものを覆う帳を開けることを拒み、説明が可能ではない隠された未明の事柄についての無知を認める。アッラーは、彼らが認められていない事柄についての知識が十分でないことを自ら認める点で、また神を知ることに関して許されていない事柄を細かに論じることをせず、それを手控える点で、このような人物を称讃する。

至大なるアッラーの偉大さを自分の卑小な知力で限定してはならない。さもない場合、君たちは自らを滅ぼすことだろう。彼は偉大な御方であり、想像の矢がその力の限界を探るために放たれ、思考がいたずらな囁きの危険を怖れず限りない神の深みを求め、心がその属性のなんたるかを知るために思い悩み、知性の輝きが神の本性を知るために表現しえぬ程の深みに達しても、すべては徒労である。それはひとえに至大なる神を求める、暗い不明のものの底知れぬ深淵を行く旅である。しかし人は、そのようないい加減な模索を以てしては、彼に関する知識の核心は得られず、その栄誉の偉大さについてのわずかな考えもこれらの思想家たちに捉えきれないことに気づいた時に、ただ引き返さざるをえない。

＊アッラーの創造について

アッラーは従うべき範例をなに一つ持たず、彼以前に模倣すべき一人の先例もないままに、創造を始められた御方である。彼はわれわれにその力の世界、その叡智のなんたるかを物語るさまざまな驚異を示されている。自らの存在を彼に負っているという被造物の認識は、彼を知るための議論が不可欠であることを認めさせてくれる。そしてその創造の力と叡智のほどは、彼が創り出したもの皆の中に現われている。彼が創造したもののはすべて、彼のための論証、彼へと導く案内者である。たとえそれがものいわぬものであったとしても、それは論拠を示し、創造者への道を明らかにする。

私は証言する。もしも人あって、貴方の叡智の働きが明らかでない四肢の別れ方、身体の端の結びつきによって貴方と誰かが似ていると主張したとしても、彼は心の奥底で貴方についての認識を確認することができず、貴方に似たものは誰一人いない点を確信しえないであろう。このような者はちょうど誤った信仰を持つ者たちが口にする言葉、「神かけて、われわれはよろず世の主とお前たちを同じだといって、確かに誤っておりました」〔クルアーン二六章九七～九八節〕を耳にしなかった者のようである。

貴方を自分たちの偶像と同一視するような者は、誤りを犯している。勝手な想像によって貴方に被造物の飾りをつけたり、自分の考えで身体の部分を貴方に付け加えたり、自分の思いつきでさまざまな被造物に倣って貴方について考えをめぐらせることは誤っている。

私は証言する。貴方を貴方の被造物と同一視する者は、貴方に比するものを認めており、貴方に比するものを認める者は、貴方の下された明らかな章句の示すところに従って、また貴方の明快な論証が物語るところに照らして、不信者である。貴方はその知に限りがなく、したがってその知には様態の変化はない。また心の枷を負わされることはないゆえに、限界を持つことも変化を被ることもない。

＊アッラーの創造の完全さについて

アッラーは被造物のすべてに限界を設け、その限界を確かなものとされた。またその働きを定め、それを精妙なものにされている。さらにその方角を規定し、それが限度を越えず、目的に達する以前に止まることのないようにされた。もの皆は神の意思に従って動くよう命じられているために、それに逆らうことがない。すべての事柄が彼の意志に支配されているのに、いかにしてそのようなことが可能であろうか。彼はさまざまなものの創造者であり、それに当たって考えをめぐらすこともなく、隠された衝動の力に頼ることもなく、時の盛衰から得られた経験を利用することもせず、驚くべきものの創造に際して誰かの助けを借りた訳でもない。

このようにして彼は、自らの命に従って創造を完成させ、被造物は彼に従うために頭を垂れ、彼の呼びかけに応じたが、怠け者の怠慢、いい訳屋の口実もそれを妨げることがなかった。そして彼は物事の曲がりを直し境目を明らかにした。またその力によって対立する部分に関連を設け、相似たものを結びつけ、限界、量、性質、形状の相違に応じてさまざまな種類に分けた。これらすべては新たなる創造であり、彼はこれを正確に行い、もの皆を自らが望むように形を与え、創造されたのである。

＊天空について

アッラーは天空の高低を調整し、その裂け目を結びつけ、互いに他と繋ぎ合せた。そして彼の命を受けそこを下る者（天使たち）、被造物の動きによって難儀をしながら上に登る者（天使たち）に、近づきやすいようにされた。そしてそれがまだ蒸気の状態にある時にそれを呼ぶと、その継ぎ目が繋ぎ合わされた。それから閉ざされた扉を開け、穴のあいた所に星の斥候を配置し、巨大な空間に落ちるのを妨げるためにその手でそれらを支えた。そしてそれらに自分の命令に従ってその場に止まるよう命じ、昼の輝かしい徴として太陽を、暗い夜の徴として月を創られた。

それから彼はそれら二つを軌道の上で動かし、互いによって昼と夜の区別が明らかにされるよう、またそれらの一定の運動によって年の数やその他の計算を可能にするために、行程に応じた運動を調節された。それから巨大な空間に天空を吊るし、それを小さな光り輝く真珠や灯のような星々で飾った。彼は聞き耳を立てる者に向かって星々の矢を射かけ、ある者は規定どおりに動かし、他のものは固定させ、動く星、下降する星、上昇する星、不吉な星、幸運の星を創られた。

＊天使について

それから至大なるアッラーは彼の諸天に住居を創り、その一番高い領域に住まわせるために新しい被造物、天使を創った。彼はその空虚な広がりに彼らを住まわせ、広大な空を彼らで満たした。そしてその空虚な裂け目の間で彼を讃える天使たちの声が、聖性の閉ざされた空間、秘匿の帳の奥、彼の偉大さの覆いの中で聞かれる。この耳を聾する響きの後ろには栄誉の光があるが、眼はそれを見ることができず、視覚はただ立ち止ってその無力を嘆くばかりである。

　彼は天使たちにさまざまな姿、異なった資質を授けられた。彼らは翼を持ち、彼の栄誉の崇高さを讃えるが、彼が創造に示した巧みさを持ち合わせず、自分たちが彼に匹敵するなにものかを創り出したなどとは主張しない。「むしろ彼らは誉れある被造物であり、ものをいうに当たって彼より優位にあるなどという素振りはみせず、ただ彼の命に従って行動するだけである。」〔クルアーン二一章二六～二七節〕

　彼は彼らを自分の啓示の委託者とし、彼らを預言者たちに自分の命令、禁止の伝える者として派遣し、疑いに動揺することのないよう彼らを純化された。したがって彼らの誰一人として彼の意志の赴くところに逆らう者はなく、彼は彼らに十分な助力の恩恵を与え、心を安らかな恭順さで覆っている。また彼らに対して彼の栄誉に対する従順の扉を開き、彼の唯一性の徴として輝かしいミナレットを建てている。罪の重みは彼らの肩にかかることはなく、昼と夜の移り変わりは彼らを動かさず、疑いはその矢で彼らの固い信仰心に襲いかかることはない。また疑念は彼らの固い信仰の基礎を揺るがせず、悪意の閃光は彼らの間に火を燃やすことなく、困惑も彼らが心に抱く神の知を曇らせることはない。

彼の偉大さとその栄誉への畏れは彼らの胸の内に宿り、誤った考えにそそのかされて彼らの考えが気ままさで汚されることもない。彼らの中には巨大な雲のような姿をした者、聳《そび》え立つ山のように丈の高い者、深い暗闇の中に隠れ住む者等さまざまである。中には大地の底に突き刺さるほどの足の持ち主もおり、その足はまるで広い空中になびく白い大旗のようである。その下にはそよ風が吹き、世界の果てまで彼らを支える。

彼らはもっぱら神の信仰に忙しく、信仰の正しさは彼らと神についての知を結びつける。神への信仰は彼らを神に専念させ、神への渇望はそれ以外のものへの欲望の道を断つ。彼らは神の知の甘さを楽しみ、彼への愛のみずみずしい杯を飲み干す。神への畏れの根は彼らの心の深くに根を下ろし、完全な服従によって彼らの真っ直ぐな背中を平伏させる。そして神への欲望の長さは彼らの恭順さを絶やさず、神の近くにある思いは彼らから神への畏れの手綱を取り除くことがない。

彼らは自負心に捉われて自分たちの行為を過大評価することはなく、神の偉大さを前にした彼らの恭順さは自分たちの美徳を誇りとさせない。長い苦悩も彼らに疲れの跡を残さず、神への渇望が衰えて彼らの主に対する希望を失わせることもない。また彼らの舌の先は絶えざる祈りに乾くことなく、他の仕事に気を取られて神を求める彼らの声が途絶えもしない。

彼らの肩は畏敬の姿勢を崩すことなく、その頸《くび》は神の命令に反して安らぐために（左右に）揺れ動きはしない。怠慢の愚かさが彼らの固い決意に逆らい、欲望の裏切りが彼らの勇気を打ちひしぐこともない。

彼らは玉座の主を欠乏の時の宝庫と見なし、他のもの皆が被造物に顔を向ける時にも、その愛ゆえに彼に対する渇望を貫く。神への臣従は終わりを知らず、彼に対する臣従への強い執着は神への希望、畏れに欠けることのない心の糧以外には向けられない。神への畏れが弱まり、そのために彼らが努力を怠ったり、誘惑が彼らを虜にし、聖なる努力を疎かにして安易な試みに走ることはない。彼らは過去の行為を自慢にはしない。もし彼らがそれらを誇りにすれば、畏れは彼らの心から希望を拭い去ってしまうであろう。

彼らは悪魔に支配されて、自分たちの主について互いに意見を異にしたりはしない。互いの分裂が彼らをばらばらにしたり、妬み心に捉われたり、猜疑心が彼らを引き裂き、気力の相違によって分裂することもない。このように彼らは篤い信仰の帰依者であり、曲がった心、過激さ、無力、倦怠などが彼らを絆から引き離したりはしない。天には希薄な層などはなく、そこには必ず天使が（神に）ひざまずいているか、（その命を）しきりに行っているのである。主に対する長い臣従によって彼らはその知を増やし、彼らの心は主の栄誉が蓄積されるのである。

＊大地とその水の上の広がりについて

アッラーは荒れ狂う波と膨れ上がる大海の深みの上に大地を広げられた。そこでは波が互いにぶつかり合い、大波が互いに他を洗っており、それらは性的に興奮した雄駱駝のように泡を吐き出していた。しかし荒れた水の騒音は大地の重さに鎮められた。大地がその胸で押しつけると騒がしい水は声をひそめ、肩の骨で均すと静まり返った。

大波が荒れ狂った後で海は静まり、征服され、屈辱の枷をはめられた従順な捕らわれ人となった。他方大地は広がり、荒々しい海の深みで固まっていった。大地は水の誇り、自尊心、高い地位、優越性を打ち砕き、その大胆な流れを抑え込んだ。そして荒々しい流れは止まり、猛々しい波濤は静まった。水の騒がしい動きが大地の脇で、またその肩の上におかれた高く聳《そび》えた山々の重みの下で静まると、アッラーは泉の水を高い頂の上から流し、それらを平地や低地に振り分け、その動きを硬い岩や高い山の頂で緩やかにした。するとその揺れは山々がその表面に落ち込み、深みに安定して平地に聳《そび》え立つと静まった。そこでアッラーは大地と空の間に広い空間を創り、その住人たちに風を吹き送った。それからその住人たちに適当な場所を選んで住むように指示した。

神は高みにあって水場がなかったり、川の流れが途絶えたような荒れ地を放置することはせず、空に浮かぶ雲を創って不毛の地を潤し、植物を育てた。彼は小さな雲を集めて大きな雲とし、そこに水を貯めると、その脇で光が発し、白い雲や重い雲の下で閃光が輝き続けるとそれに豊かな雨を送った。雲は大地の上に垂れ、南風がそれを振り絞ると、雌駱駝が乳を与えるために屈み込むように雨を降らせた。

雲が大地の上に屈み込み、それが運ぶありったけの雨を降らせると、不毛の土地に植物が芽生え、乾いた山に緑が現れた。その結果、大地はその飾られた庭に喜びを隠さず、その柔らかな緑、花々の飾りに狂喜した。

アッラーはこれらすべてを人々の生のたつき、動物たちの食料として創られたのである。彼はその広がりに公道を創り、そこを歩む者のために導きのミナレットを建立した。

＊人間の創造と預言者――彼とその一族に祝福あれ――の派遣について

大地を広げ、その命令を実行すると、アッラーは最良の被造物としてアーダム――彼に平安あれ――を選び、最初の人間とした。そして彼を楽園に住まわせ、そこでの彼の糧食を準備すると同時に、行ってはならないことを警告した。それに近づくことは彼に対する反抗を意味するものであり、彼の地位を脅かすことを知らせたのである。しかしアーダムは自分に禁じられたことを犯してしまったが、アッラーは予めそれを承知されていた。そこでアッラーはアーダムの悔い改めを聞き入れた後に、大地を彼の末裔で満たし、下僕たちの間で神の証を務めるために、彼を追放した。アッラーはアーダムが死んだ後にも、彼の神性を証し、人々と彼の知識の間の絆となる人物を必ず一人残さないことはなかった。彼は人々に選ばれた預言者たち、神の言葉の伝え手たちによって時代から時代へとその証を提供し続けたが、それはわれわれの預言者ムハンマド——彼とその一族に祝福あれ——の登場によって完成し、神の主張と警告は終わりを告げた。

彼は糧食を与えたが、時に潤沢に、時にわずかにこれを授け、分け前は乏しいことも、豊かなこともあった。彼がこのようにするのは、誰が豊かさ、あるいは欠乏にふさわしいかを試すためであり、それによって富める者、貧しい者の感謝の念、忍耐力を試すことにある。

次いで彼は潤沢さを窮乏の不運と、安全を災厄の労苦と、快楽の喜びを悲しみの苦痛と結びつける。また彼は一定の年齢を定めるが、ある者は長く、他の者は短く、早い遅いはあるものの最後にやってくるのは死である。彼はまた死が年齢の綱を巻き上げたり、断ち切ったりすることも許されている。

彼は隠し事をする者の心の中を知り、秘かな会話をする者の秘密を聞き分け、隠された思いに浸る者の心の内を悟り、確実な考え、瞼《まぶた》の仄めかし、心の内側、未知な事柄の奥底までお見通しである。彼はまた耳の穴を傾けてやっと聞き取れるほどのもの音を聞き分け、蟻の夏の住処、虫の冬の居場所、女たちの泣き声、人の足音も聞き逃すことがない。さらに彼は実を稔らせる葉鞘の在り処、獣の隠れ場である山や谷の洞穴、木の幹や葉むれの中にある蚊の隠れ処、枝の中で葉が芽生える場所、腰の中を通って精液が滴るところ、湧き上がる小さな雲や積み重なる大きな雲、厚い雲の中の雨粒、旋風によってその裾に撒き散らされる砂塵、雨後の水の流れに掻き消される筋、砂丘の上の昆虫の動き、山際の崖にかかる鳥の巣、卵を孵《かえ》す暗い場所で啼く鳥の声などを知り尽くしている。また彼は真珠貝が宿したもの、海の波に隠されたもの、夜の暗闇に秘められたもの、昼の光に照りつけられたものから、時には闇に覆われ時には光り輝く場所にあるもの、すべての足跡、あらゆる動きの気配、音の反響、唇の動き、生き物の住処、細かなものの重み、悲しみに沈む心の秘かな泣き声、その他地上にあるすべての事柄、例えば木になる実、散りかかる落ち葉、精子の行き着く場所、血漿、凝血、生命の成長、胎児について知っている。これらすべてのことに関して、彼は自ら創ったものの維持のために苦労し、困難したりはせず、被造物に命令を下し、それらを管理するために疲れや苦しみを覚えることもない。彼の知は万物に及び、それらはすべて彼の管理下にある。しかし彼の正義は万物に遍く、彼の恵みは受け取る側に問題があったとしても、よろずを覆い尽くす。

アッラーよ、貴方は美しい形容と高い尊敬にふさわしい御方。もしも貴方が望まれるならば、貴方は最良の相手であり、もしも貴方が希望の対象となるならば、貴方は最も高貴な対象に他ならない。

アッラーよ、貴方は私にかくも大きな力をお授け下さった。それゆえ私は貴方以外の誰一人誉め讃え、貴方の他の誰をも讃美することをしない。私は自分の讃美を、失望の源であり、不幸の中心である他の者に向けない。貴方は私の舌に、人間を讃えさせたり、被造物や護られたものを誉め上げることを許されなかった。

アッラーよ、すべて誉め讃える者は、誉め讃える者からの返礼、報酬を期待することができる。そこで私は貴方に顔を向け、貴方の恵みの宝、赦しの蓄えに期待を寄せる者である。

アッラーよ、ここにいるのは、貴方こそ唯一の神にふさわしいと貴方一人を選び、讃嘆と称讃に値するのは貴方以外にないと認めた者。貴方に対する私の渇望は、貴方の恩恵以外にそれを満足させるものはなに一つなく、その必要を満たすものは貴方の慈愛、貴方の存在を除いてなにもない。それゆえこの場でわれわれに貴方の満足をお授け下さり、貴方以外の者に手を差し伸べることを控えさせ給え。「まことに貴方こそは、すべてに万能の御方であらせられます。」〔クルアーン六六章八節〕

第九十一の説教

＊ウスマーン殺害の後で人々が彼に忠誠の誓いをすることを望んだ際に

私のことは放っておき、私以外のものを探すが良い。われわれはさまざまな側面、色合いを持つ事態を前にしている。それについて心は同意せず、考えも受け入れることはない。雲は空を覆い、正しい道も掻き消されたままである。

君たちは知るべきである。もしも私が君たちの要請に応えたならば、私は自分の考えのままに君たちを導き、他人の口にすること、非難などは見向きもしないだろう。もしも君たちが私を見放すならば、私は君たちと同じ立場にあることになる。できることならば私は、君たちが事態を任せる者の指示を仰ぎ、その者に従おうと思う。私は君たちの長であるよりも、相談役がふさわしい。

第九十二の説教

＊ハワーリジュ派の全滅、ウマイヤ一族の不正、神の広大な知について

ところで皆の者よ。私は内戦の芽を摘み取った。その暗闇が広がり、その狂気が強まっても、私以外の誰もそれに立ち向かおうとはしなかった。私のいなくなる前に私に尋ねるが良い。私の生命がその手の中にあるアッラーにかけて、もしも君たちが現在の君たちと最後の日の間の事柄、あるいは正しい道を行く百人の集団と百人の誤れる集団との間の経緯を訪ねるならば、私は誰がその前進を指示し、先頭に立って指揮する者、後方で長を務める者、どこで騎乗用の動物が休息し、旅の目的地はどこで、戦死する者が誰で、自然死する者が誰かまで君たちに告げることができる。

もしも君たちが私を失えば、厳しい状況と辛い事件が君たちに襲いかかり、ものを尋ねる多くの者が口をつぐみ、返答する立場にある者の多数が勇気を失うであろう。このような時には戦いが君たちに降りかかり、あらゆる困難をもたらし、生活の苦しさのためにそれがいつまでも続くと思われることであろう。アッラーが、君たちの間に残された徳ある者に勝利を与えられるまでは。

内部の争いが近づくと混乱が生じ、遠ざかると警告が残される。近づく時には悟られず、遠ざかった時に初めて理解される。それは吹き荒ぶ風のようにある町を襲い、他の町は避けて通る。

注意すべきは、私にとって君たちに対する最悪の災厄であるウマイヤ一族の災いである。なぜならそれはウムヤーウ、つまり盲目の災いであり、暗闇をもたらすものだからである。

その効果は一般的であり、その悪影響は特別な者に及ぶ。慧眼な人々は災厄に襲われ、盲目な者は災厄を免れる。

神かけて、君たちは私の後でウマイヤ一族が極悪な存在であることを知るであろう。まるで始末に負えない雌駱駝のように口で噛み付き、前足で突き、後足で踏み付け、乳も飲ませないような。彼らは君たちの間に自分たちの得になる者が居続けるか、彼らの害にならない者が居残る限り、君たちを支配し続けるであろう。彼らの災厄は、君たちの誰かの彼らに対する助力の期待が、奴隷の主人に対する、または臣下の長に対する期待のようなものである限り、拭い去られることはないであろう。

彼らの災厄は、醜くおぞましい恐怖やイスラーム以前の凶つ事のように、正しい道を示すミナレットもなく、いかなる道標もないまま君たちに襲いかかるであろう。われわれ預言者の一族――彼とその一族に祝福あれ――はそのような災厄から免れ、それとは無縁である。

それからアッラーは、彼らを卑しめ、彼らの頸《くび》を引きずり廻し、彼らに苦渋の杯を飲ませる者の手によって、君たちを災厄から解放し、彼らにはただ剣を向け、恐怖の衣のみをまとわせるであろう。

その時になってクライシュ族は、世界とそれが含むすべてのものを犠牲にして、ただ一度だけ、しかも駱駝を屠殺するほどの短い間、私が彼らからいま求めているものを受け取ることを望むであろう。私が求めているものはわずかであるが、彼らはそれを私に与えようとはしない。

第九十三の説教

＊アッラーを讃えその預言者たちを讃美して

いと高きアッラー、いかに志高きものの力も及ばず、いかに豊かな心も捉えきれない崇高な御方。限りなき第一の御方にして終わりを知らず、終わりなく消滅することのない御方。

＊預言者たちについて

アッラーは預言者たちを最良の地位に留められ、最善の道におかれた。彼は引き続き彼らを、誉れ高き父祖たちから貞淑な女性の子宮に移し宿された。彼らの先人が他界すると、アッラーの宗教のためにその後裔たちが立ち上がった。

＊預言者――彼とその一族に祝福あれ――とその後裔について

そして至大なるアッラーはムハンマド――彼とその一族に祝福あれ――を、その最も高貴な源、最も誉れ高き場所、つまり彼が他の預言者たちを遣わし、忠実な委託者たちを選び出した同じ系譜から送り出された。ムハンマドの後裔たちは最良の後裔であり、彼の親族は最良の親族に他ならず、彼の家系は最良の家系である。それは敬意を招き、地位を高め、丈高い枝、手に入れ難い実を結んだ。

彼は神を畏れる者の先頭を行く指導者で、正しい道を求めるすべての者の光である。彼は炎を輝やかせる灯にして、明るく光を照らす星、鋭い閃光を発する火打石であり、その行いは正しく、その振る舞いは人を導き、その言葉は決定的で、その決定は公正である。アッラーはしばらく預言者たちが不在で、人々が誤った行為に耽り、無知の淵に沈んでいた時に彼を遣わされた。

アッラーが君たちに恵みを与え給うように。明らかな徴に基づいて行動するように。なぜならば道は真っ直ぐで、平安の住処に向かっており、君たちはアッラーの恩恵に与《あずか》る場所にあり、時間も機会も十分に持ち合わせている。（行為の善悪を書き記す）帳簿は開かれており、（それを書きとめる天使たちの）筆は忙しいが、君たちの肉体は健康で、舌も滑らか、悔い改めは聞き入れられ、行いも受け入れられる。

第九十四の説教

＊預言者――彼とその一族に祝福あれ――派遣の際の人々の状況と教えの普及のために彼が行った行動について

アッラーは預言者――彼とその一族に祝福あれ――を、人々が欺かれて迷いの道にあり、災厄の中で右往左往している時に遣わされた。欲望が彼らを狂わせ、自惚れが彼らを惑わせ、酷い無知が彼らを蒙昧にしていた。彼らは事態の不安定さと、無知がもたらす災難に、狼狽しきっていた。そのような時に預言者――彼とその一族に祝福あれ――は忠告を与え、正しい道を歩み、人々を叡智と優れた勧告へと誘ったのである。

第九十五の説教

＊アッラーと預言者――彼とその一族に祝福あれ――を称讃して

讃えあれアッラー、第一者にして彼より先になに一つなく、最終者にして彼より後になに一つなく、明らかな者にして彼より上になに一つなく、秘かなる者にして彼より近くになに一つない御方。

＊預言者――彼とその一族に祝福あれ――について

彼の滞在の場所は最良のものであり、彼の系譜は栄誉と安全の点で最善のものである。徳ある人々の心は彼になびき、有識者の眼は彼に惹かれずにはいない。彼の手を介してアッラーは互いの憎しみを葬り、反抗の炎を消しとめられた。

彼の手を介してアッラーは人々の間に兄弟愛を創り、（不信で）手を取り合っていた者たちを引き離された。彼の言葉は明快であり、その沈黙も物語っている。

第九十六の説教

*自軍を叱咤して

アッラーは圧政の徒を見逃されはするが、そのような者を取り逃がす訳ではない。アッラーは道を行く彼の姿を正確に捉えており、彼が喉を詰まらせている状態を把握されている。

私の生命がその手の内にあるアッラーにかけて。これらの者ども（ムアーウィヤ勢）は君たちを打ち負かしているが、それは彼らが君たちより正しいからという訳ではなく、彼らが素早く誤った長の許に馳せ参ずるのに、君たちが私の正義の下に集うのが遅きに失するためである。人々は彼らの支配者の不正を怖れているが、私が怖れるのは自分の軍勢の不正である。

私は君たちに聖なる戦いを呼びかけるが、君たちはそれに応えようとしない。私は君たちに警告するが、君たちは聞く耳を持たない。私は秘かに、また時には公然と君たちに呼びかけるが、君たちはそれに応えようとしない。私は君たちに忠告するが、君たちはそれを受け入れない。君たちはそこにいるが、まるでいない者同然ではないか。主人面をした奴隷のような者ではないか。私は君たちに正しい理由を告げるが、君たちはそれを避け、明確な忠告を与えるが、それにきちんと対処しようとはしない。私は不善の徒に対する聖戦を呼びかけるが、私の話が終わる前に君たちは、まるでサバの息子たちのように散り散りになる。

君たちは自分の場所に戻り、勝手な意見に従って互いに欺き合う。私は朝、君たちを真っ直ぐにするが、夕方になると弓の背のように曲がって戻ってくる。真っ直ぐに正す者は力尽き、正された者は直らないままだ。身体はそこにあるものの知力に欠け、欲望はまちまちで、その頭たちが試練に喘いでいる者どもよ。君たちの長はアッラーに従っているが、君たちは背いている。シリアの民の長はアッラーに背いているが、彼らはそのような長に従っている。神かけて私は、ムアーウィヤが私とディーナール貨をディルハム貨と交換する取引、つまり彼が私から君たちの十人を取り、私に彼らの一人を与えて欲しいものだ。やあクーファの民よ。私は君たちから三つと、他に二つの事柄を経験した。君たちは耳を持ちながら聾《つんぼ》で、話をしながら唖《おし》であり、眼を持ちながら盲目である。戦いの場で頼るに足りる味方でなく、困難の中で信ずるに足りる兄弟ではない。君たちの手は泥で汚されるであろう。君たちはまるで飼い主のいない駱駝のようなものだ。一方で呼び集めれば、他方で散り散りになる。

神かけて、私は君たちについて考える。戦いが激しくなり、合戦が始まると、君たちは先頭で裸になる女のように、アブー・ターリブの息子の許から逃げ出す。私は私の主

▽サバの息子
サバ＝イブン＝ヤシュジュブの子孫を指し、サバ族として知られる。この一族が虚言によって預言者を弄するようになると、アッラーはこの一族の土地を洪水で浸水させ、一族は別の場所へ移転を余儀なくされた。

▽ディーナール貨とディルハム貨
ディーナール貨は金貨、ディルハム貨は銀貨。

の明らかな導きの下にあり、私の預言者――彼とその一族に祝福あれ――の道を踏み従い、しっかりと守り続ける正道を歩んでいる。

＊預言者――彼とその一族に祝福あれ――の一統について

君たちの預言者の一族を見守ることだ。彼らの指示に従い、その足跡を踏み歩くのだ。なぜなら彼らは君たちに道を誤らせ、破滅に導くことはないからだ。彼らが座ったならば君たちも座り、立ち上がったら立ち上がるが良い。彼らの先を越すならば道に迷い、彼らに遅れるならば身を滅ぼすことになるであろう。私は預言者――彼とその一族に祝福あれ――の仲間たちを見知ってきたが、君たちの誰一人として彼らに匹敵する者はいない。彼らは（生活の厳しさから）朝は髪と顔を泥だらけにし、夜は礼拝のために平伏し、起立して過ごした。彼らは時に額を、時に頬を地につけ、よみがえりの日の思いから彼らの立ち姿は燃えさかる火の上にあるかのようであり、長い平伏の結果、彼らの両目の間には山羊の膝のような徴が残されていた。そしてアッラーの名が口にされると、彼らの眼から涙があふれ出て服の襟を濡らした。彼らは嵐の日の木立のように、罰への期待から身体を震わせていた。

第九十七の説教

＊ウマイヤ家の圧政について

神かけて、彼らは、自分たちが合法的と認めるもの以外にアッラーに対してなに一つ禁じられた行為がなく、自分たちが破るもの以外に約束がなくなるまで、また彼らの不正が入り込まないような煉瓦造りの、あるいは木造の家が一軒もなくなるまで、支配者の座に居座り続けるだろう。そして彼らには災厄が降りかかり、多くの不幸な事態が告げられる。その際には泣き叫ぶ二種類の人間が現れるであろう。ある者は自分の宗教について泣き、他の者は自分の現世の状態について泣き叫ぶ。そして君たちの彼らに対する助力は、奴隷も主人に対する助力のようになるであろう。主人が目の前にいる時には従うが、いなくなれば悪口をいう。そのような時に最も酷い災難に遭うのは、アッラーに最も愛でられる者だ。だかもしもアッラーが君たちに安全を授け給うなら、それを受け入れるが良い。もしも難儀に会うならば、それを耐え忍ぶのだ。良い報いは必ず神を敬う者のためにあるのだから。

第九十八の説教

＊現世と時の盛衰についての戒め

この世に起こった事柄をめぐりアッラーを讃えまつる。また将来の事柄に対して庇護を願うと共に、われわれの肉体についてと同様、宗教についてもわれらをお護り下さるよう祈る。

アッラーの下僕たちよ、私は君たちに忠告する。君たちがそれを望まなくとも、すぐに君たちを見捨て、君たちが若々しく保とうと望む肉体を老いさせるこの現世から遠ざかるにしくはない。君たちと現世をたとえれば、ちょうど旅行者たちのようなものだ。彼らは道を歩むが、あっという間に歩みきってしまう。もしくは彼らは一つの目標に向かって進むが、たちどころにそこに辿り着く。目的地までの距離は、そこを目指し、到着する者にとっては、なんと短《みじか》なことであろう。引き延ばすことのできない残りの一日はなんと短いものだろう。素早い乗り物が彼を現世から運び出し、そこでの煩わしさが心ならずも彼をそこから引き離す。それゆえこの世の名誉、誇りなどを追い求めてはならない。その華々しさ、恵みに魅せられたり、災難や不幸を悲しんだりしてはならない。なぜならそのような名誉や誇りは断ち切られ、飾りや恵みも拭い去られ、災難、不幸も消え失せるのだから。この世のあらゆる時は終わりを告げ、そこに生きるすべての者は死ぬのが定めなのである。

もしも君たちに知力があれば、先人たちの遺産の中には君たちにとっての忠告が見当たらないであろうか。君たちの父祖は示唆、教訓を与えてくれてはいないだろうか。

君たちは先人たちが再び戻らず、彼らの末の生き残りも生き永らえることができないことが解らないのか。この世の人々が、朝な夕なにさまざまな状態で過ごしていることに気づかないのか。ある死者は悼まれて人々の涙を誘い、また他の者は栄誉を偲ばれる。ある者は不幸に喘ぎ、またある者は病に苦しみ、他の者はいまわの瀬戸際にあり、また死に狙われながら現世を求める者あり、物忘れが激しいが（死には）忘れられていない者もある。このようにして生き残った者たちは、先人たちの跡を踏み歩いているのである。

心するが良い。悪行に手を染めた時には、喜びを壊し、快楽を傷つけ、欲望を殺すもの（死）に思いを致すのだ。そしてそれが義務的であるような権利を果たされるようアッラーの庇護を求め、その限りない恩恵と恵みを乞い願うのだ。

第九十九の説教

＊預言者――彼とその一族に祝福あれ――とその後裔について

讃えあれアッラー、創造を通じてその恵みを広く及ぼし、被造物に恩恵の手を遍く差し伸べられる御方。われわれはそのすべての事柄においてアッラーを誉め讃え、アッラーがその権利を実行され、われわれに庇護を与え給うよう乞い願う。われわれは証言する。アッラー以外に神はなく、ムハンマドはその下僕にして御使いである。アッラーはその命令を明らかにし、その記憶を語らしめるために彼を遣わされた。そして彼は命令を忠実に果たし、正しい道を歩み、われわれに真実の徴を残した。その域を越える者は誰しも信仰を外れ、その手前に立ち止まる者は破滅し、それを守る者は（真実と）共にある。その道案内人は口数少なく、動作も緩慢だが、一度立ち上がるとその足取りは素早い。君たちが彼の前で首を傾げ、彼を指さすと、死が彼に取りつき、彼を連れ去る。彼のいなくなった後で君たちはアッラーの望まれるだけ生きるが、その後彼は君たちを集め、散り散りになった君たちを一つにまとめる。それゆえ目先のことに希望を託してはならない。また過ぎ去ったことに絶望してもならない。なぜならば二本の足の一方は滑っても、他方が踏み止まり、結局二本の足がしっかりと地に足をつけることもあるのだから。

良いか、ムハンマド――彼とその一族に祝福あれ――の一統の例は、大空の星々のようなものだ。一つの星が隠れると他が姿を現す。君たちはまるでアッラーの祝福が君たちの中で完成したような状態にあり、彼は君たちが望んだことを君たちにお示しになるのだ。

第百の説教

＊時の盛衰について

アッラーは最初の者の中の最初の御方、すべての終わりの後に残る最後の御方である。彼が第一の存在であることは、彼の前になにものも存在しないことを要請し、彼が最後の存在であることは彼の後になに一つ存在しないことを必然的なこととする。私は証言する。公然と、あるいは秘かに、心と舌をもって、アッラー以外に神はないことを。

皆の者よ、私に逆らって罪を犯すのではない。私に抵抗する誘惑にそそのかされてはならない。私が話をする時に互いに目配せをしてはならない。種子を創り、風を吹かせるアッラーにかけて、私が君たちに告げることは無知なる預言者——彼とその一族に祝福あれ——から伝えられた（つまり預言者自身の考えではなく神から伝えられた）ものであり、その伝え手に嘘はなく、聞く者が誤解する余地もない。

しかし私の見るところではシリアに迷いの声が上がり、クーファの周りで叛旗が掲げられているようだ。そしてその（叛徒の）口が大きく開けられると、反抗の力は強まり、その脚は大地を強く踏みしめ、騒乱は人々をその歯で食いちぎり、戦乱は大波で辺りを騒がさずにはいない。そのために昼は厳しく、夜は苦難で満たされることになる。そしてその作物が成長し、穂が稔り、その口から泡が吹き出し、稲光りがすると、迷える者の反乱の旗印がはためき、暗い夜や波立つ海のように姿を明らかにする。このような嵐がなん度クーファの町を引き裂き、強風がそこを襲ったことだろう。直ちに角は角とぶつかり合い、立ち並ぶ作物は刈り取られるが、収穫は台無しとなる。

第百一の説教

＊最後の審判について

それはアッラーが最初の者たち、最後の者たちを呼び集め、身を屈めたり立ちすくむ人々に正確な計算を行い、過去の行為に対する報酬を定める日である。人々は雨のように汗を滴らせ、彼らの足元では大地が揺れ動く。彼らの中で最も良い状態にある者は、両足にしっかりと姿勢を保つ場所を持ち、心にも十分なゆとりを持つ者である。

＊将来の困難について

困難は闇夜を旅するようなものである。それに向かっては馬も立ち向かうことができず、その軍旗を退かせることもできない。それはしっかりとした装備をして君たちに襲いかかり、その指揮者は軍勢を叱咤し、その騎手の戦意は固い。騒乱を求める者の攻撃は激しく、怯《ひる》むことはない。ところでアッラーのために彼らに立ち向かう者はといえば誇りに欠け、大地の上では名も知られず、空中で知られているばかりの者どもである。

おおバスラよ、お前に災いあれ。アッラーの復讐の軍勢がやってきたというのに、砂塵も鬨《とき》の声も上がらないとは。お前の住民たちは死の赤い血に染まり、土気色の飢えに悩まされることになるのは必定だ。

第百二の説教

＊大食と神への畏れについて

現世をそこから身を引いた禁欲な人々のように眺めるのだ。神かけて、それはすぐにその住人に背を向け、豊かで安らかな生活を送る人々に悲しみをもたらすであろう。そこから過ぎ去ったものは再び帰ってはこない。またいずれやってくると期待されるものは確認されることがない。そこでの喜びは悲しみと混じり合っているのである。そのために人々の堅実さは、弱さ、活気のなさへと変わりやすい。

ここで君たちを喜ばせる多くのものは、君たちを惑わすことはない。なぜなら君たちの助けになるものは極めてわずかなのだから。アッラーよ、良く考えては教訓を手にし、教訓を得ては悟達に至る者に厚い恵みを授け給え。この世に存在するものはすべて直ちになくなり、いずれ来世で存在すると考えられるものはすでに存在している。数えられるあらゆるものは消滅し、すべて期待されるものはやがて将来することになり、すべて将来するものは近くにある。

＊知恵ある者の特質について

知恵ある者とは自分の価値を弁えている者のことである。自分の価値を弁えない者は、無知な者と見なされるに十分である。また至高のアッラーにとって最もおぞましい人間は、アッラーが自分任せに放っておく者である。そのような者は目的地に至る道を誤り、案内人なしで動き回るような人間である。このような者は現世の畑に招かれれば仕事をするが、来世の畑に招かれたならば働こうとしない。まるで彼が心をこめてする仕事が彼にとって義務的なものであり、怠けていることは彼とは無縁のものであるかのようだ。

＊未来について

ある場合には眠りこけた信者だけが安全のような時がある。その場合、彼が居合わせても見分けられず、いない時には求められることがない。そこには正しい導きの灯と夜の旅の旗印がある。彼らは悪口をいいふらしたり、冗談めかして秘密や陰口を洩らしたりはしない。彼らはアッラーがその恵みの扉を開き、懲罰の苦しみから護られている者どもである。皆の者よ、いずれ君たちには、壺から中身がそっくり流れ出すように、イスラームが空になるような時が来るであろう。皆の者よ、アッラーはそうならないように君たちを護ってきた。ただし彼は君たちに厳しい試練を与えない訳ではない。「まことにそこには明らかな徴があり、われらはただ試練を与えているだけだ。」〔クルアーン二三章三〇節〕

アッ=サイイドッ=ラディーは次のように述べている。「信者たちの長――彼に平安あれ――の〈クッル・ムウミニン・ヌワマティン〉（眠りこけた信者たち）という表現は、口数少なく、悪事も行わない者という意味である。〈アル=マサーイーフ〉という言葉は、〈ミスヤーフ〉の複数で、悪事や悪口で人々の間に問題を引き起こす者を指す。〈アル=マザーイーウ〉は〈ミズヤーウ〉の複数で、他人の悪事を耳にしてそれを大声で触れ回る者を指す。また〈アル=ブズル〉は〈バズール〉の複数で、冗談や戯言にたけた者を意味する。」

第百三の説教

＊イスラーム布教以前の人々の状況と預言者――彼とその一族に祝福あれ――の宣教

活動について

ところで至大なるアッラーは、ムハンマド——彼とその一族に祝福あれ——を遣わされた。当時アラブの誰一人として書物を読む者はなく、預言や啓示を口にする者もなかった。彼は自分に従う者と共に敵対する者と戦い、彼らを率いて安息の場に導き、彼らが死に見舞われるまで素早く行動した。疲れた者はため息をつき、怠け者は足を止めたが、なんの美点も持たない最悪の者を除き、望みを達成するまで節を曲げなかった。彼は人々に目的の場を示し、彼らをそこに導いたのである。そして彼らの石臼は回り始め、その槍は真っ直ぐに伸びた。

神かけて、私はかつて彼らの後衛隊であったが、彼らは全権を握り、指揮権を持つに至った。だが私は弱気に駆られ、勇気を欠き、他人を裏切り、力なく引き下がるような者ではない。神かけて、私はその脇腹から正義を引き出すまで悪を挫くことを止めない。

アッ＝サイイドッ＝ラディーは次のように述べている。「私はこの説教の一部をすでに引用したが、前のものとは長短異なる部分を見出したので、ここでまた再録する必要があった。」

第百四の説教

＊預言者――彼とその一族に祝福あれ――を称讃して

それからアッラーはムハンマド――彼とその一族に祝福あれ――を証人、良き報せの報告者、警告者として遣わされた。彼は世界で最も優れた子供であり、最も貞潔な大人で、その言動においては最も汚れなく、その寛大さにおいて最も優れた人物である。

＊ウマイヤ家について

君たちにとって現世は、その鼻輪が垂れ下がり、腹帯が緩んでそれを手に入れるまでは、喜びにあふれたものではなく、乳房から乳を得ることも難しいと思われる。ある人々にとってそこで禁じられた事柄は（たわわに稔った実のために）曲がった枝のようであり、許された事柄は遠くにあって、まるで存在しないようなものである。神かけて、君たちは現世を手に入れるが、それは定めの時まで広がった長い影のようなものだ。君たちにとって大地は空虚なものであり、そこで君たちの手は伸びるが、支配者の手は君たちに及ばない。君たちの剣は彼らの上に垂れ下がるが、彼らの剣は君たちに及ばない。ただしすべての流された血には復讐があり、あらゆる権利にはそれを求めるものがあることに心しなければならない。われわれの血の復讐▽を求める者は、自分の権利の裁き手のようなものだ。そしてアッラーは、求める者を失望させず、逃げ去る者を逃がさない。私は神かけて誓う。ウマイヤ家の者どもよ、直ちにお前たちはそれ（権勢）が他人の手に、敵の一統の手の下に移る事態を目の当たりにするであろう。

よいか最も素晴らしい眼は美徳を捉える眼であり、最も優れた耳は良い忠告を聞き、それを受け入れる耳である。皆の者よ、自分の教えた道に従うような説教者の掲げる灯の炎に光を求め、汚れを取り払った泉から水を汲むように心掛けよ。

アッラーの下僕たちよ、君たちの無知を頼りにしてはならない。また自分の欲望に従ってはならない。なぜならばそのような場に留まる者は、少しずつ背中に災厄をもたらす川の頼りない岸辺に立ちすくみ、その時々の考えに身を任せているようなものだ。それゆえアッラーを畏れて、君たちの悩みに応えることのできない者に苦情を訴えたり、その頼りにならぬものを頼りにし、集められないものを集めようとしているだけだ。それゆえアッラーを畏れて、君たちの悩みに応えることのできない者に苦情を訴えたり、そのような者の意見に従って君たちの義務とされたことを取り消したりしないことだ。

イマームにとっては、主から与えられた命令以外に義務はない。つまり警告を与えること、良き忠告を広めること、スンナを回復させること、それに妥当する者を処罰すること、ふさわしい者に報償を分け与えることである。それゆえその緑が枯れ果てる前に、また君たちが知恵ある者からそれを手にすることを諦める以前に、知の獲得に勤しむことだ。他人が禁じられたことに手を染めることを妨げ、自分もそれから手を引くの

▽血の復讐
同態復讐刑を指す。それによれば健全な成人が、正当な理由なく他者を故意に殺害した場合、厳密な規定のもと、被害者の相続者は加害者に対して同態復讐する権利を持つ。他方、同態復讐を望まない場合、同じく厳密な規定のもと、加害者に対する血の代金（賠償金）の請求が認められている。

だ。君たちは他人に禁ずる以前に自ら禁を避けることを命じられているのである。

第百五の説教

＊イスラームについて

讃えあれアッラー、イスラームを定められ、その教えに近づく者にそれを容易くされ、それを打ち負かそうと試みる者に対してその支柱を強められる御方。彼はそれに頼る者に安全を与えられ、信ずる者に平和を授け、それを語る者に明証を、それで論戦する者に証拠を、明かりを求める者に光を、知を志す者に理解を、思慮する者に明敏さを、詮索する者に明徴を、決断する者には明察を、忠告を求める者には教訓を、確言する者には救済を、信頼する者には確信を、信用する者には安心を、耐え忍ぶ者には護りの盾を与える。

それは最も輝かしい道、最も明らかな路である。それは堂々としたミナレットを持ち、明るい大道を備え、輝かしい灯、高貴な活動の場、崇高な目的を持っている。それは一群の競走馬を備え、人々は競ってそれに近づこうと試み、騎手たちも高貴である。（アッラーや預言者について）確言することはその道であり、善行はそのミナレットで、死はその終わりであって、現世は競争の場である。また最後の審判はその乗り物で、楽園が到着地である。

＊預言者――彼とその一族に祝福あれ――について

預言者――彼とその一族に祝福あれ――は求める者に灯をともし、道を妨げられた者に明るい徴を投げかける。彼は君の信ずるに足りる委託者であり、審判の日の君の証人、恵みのための君の代理人、慈悲のために真理を伝える君の使者である。

アッラーよ、彼に貴方の公正さを分け与え、貴方の恵みからなん倍もの良きことを授け給え。アッラーよ、彼の建物を他の建造物より高みに聳《そび》えさせ、貴方の許に参じた折には彼を讃え、貴方の下で栄えある地位を授け、高貴な証し、栄誉を与えられると共に、(審判の日に)われわれを彼の一団に加えられ、恥も悔いもなく、道を外れ、約束を違え、自ら迷い、他人を迷わせ、誘惑に惑わされぬよう導き給え。

アッ＝サイイドッ＝ラディーは次のように述べている。「この説教はすでに記載されているが、二つの異なった伝承が存在するためここで再録した。」

＊友軍に対する語りかけ

至高のアッラーの恵みによって、君たちは君たちの奴隷女ですら敬われ、隣人たちも厚遇されるような地位を勝ち得ている。君たちが敬意を払わず、なんの関わりも持たない者が君たちに敬意を寄せ、君たちから攻め立てられる恐れもなく、君たちに支配権もない者までもが君たちを怖れている。君たちはアッラーとの約束が反故にされたことを目の当たりにしているが、一向に腹を立てようとはしない。自分たちの父祖の約束が破られるとさんざん不平を口にするにもかかわらず。アッラーの定めた事柄は君たちの許に及び、一旦は君たちの許から離れたが、それはまた君たちに帰ってくるのだ。しかし君たちは自分の立場を悪行の徒に譲りわたし、君たちの責任を彼らに委ねてしまった。だが彼らは疑わしい事柄に基づいて行動し、欲望の命ずるままに時を過ごしている。神かけて、もしも彼らが君たちを違った星に散り散りに追い払ったとしても、彼らにとって最悪の日に君たちを捉えずにはいないであろう。

第百六の説教

＊スィッフィーンの戦いの日に

私は君たちが逃げ惑い、戦列を離れる姿をまざまざと見た。君たちは荒々しく卑しい連中とシリアのベドウィンに取り囲まれた。君たちはアラブの長であり、高い鼻、大きな瘤を持つ駱駝のように、最も誉れ高い者どもなのに。私の胸の怒りが鎮まるのは、彼らが君たちを取り囲むように、君たちが彼らを取り囲み、彼らが君たちを追い立てるように、君たちが彼らを追い立てる姿を目にする時だ。弓を引き、槍で突いて敵の先陣を後軍のところまで蹴散らし、彼らが喉の渇いた駱駝のように水場から追いたてられ、水を飲むこともできなくなるように。

第百七の説教

＊時の盛衰について

讃えあれアッラー、その創造による創造によって明らかなる御方。彼はその明証によって人々の心の中に現前し、思い煩うことなく万物を創造される。思考は考える器官を備えるものにだけふさわしいが、彼は自らのうちにそのようなものを持ってはいない。また彼の知は帳に覆われた秘密の中に分け入り、信仰の奥底までを包み込んでいる。

＊預言者――彼とその一族に祝福あれ――について

アッラーは彼を預言者たちの系譜、光り輝く炎、偉大さの額、バトハーの谷の最良の部分、暗闇の灯、叡智の泉から選び出された。

*同じ説教から

預言者——彼とその一族に祝福あれ——はちょうど塗り薬を用意し、道具を熱して巡回する医師のような者だ。必要がある場合にはそれを用いるが、例えばものの見えぬ心、聞こえぬ耳、ものいわぬ舌を癒す。彼はその薬で怠惰や混乱の場を癒す。人々は彼の叡智の光を求めず、その知の火打石で火を灯そうとはしないが、これではまるで草を食む動物、硬い石ころ同然だ。

　しかし具眼の士には、隠された秘密が明かされ、またそれを求める者には真理の本性が明らかになり、近づく時の顔の覆いが取り払われ、さまざまな徴がその姿を現した。だが私にはなんの関わりがあるだろう。私の見るところ君たちは魂を持たぬ肉体、肉体を欠いた魂に過ぎない。良いものをなに一つ持たない聖者、利益の上がらない商人のようで、目覚めているが眠ったも同然、いてもいないに等しく、ものは見えても盲目で、耳は聞こえても鉄聾《かなつんぼ》、話はしても唖《おし》のようなものだ。

　過ちの旗は真ん中に翩翻《へんぽん》とひるがえり、その後裔たちの手によって辺り一面に広がっている。それは自分の重みで君たちを測り、その基準で君たちを混乱させる。その支配者は共同体の外にいて、誤謬をそそのかす。それゆえその日以来君たちの誰一人として、鍋の底の滓《かす》、はたかれた後の埃でない者はいない。それは革をなめすように君たちをなめし、作物が踏みつけられるように君たちを踏みつけ、鳥が小さな穀粒から大きな穀粒を選んで啄ばむように、君たちの中から信者をつまみ出す。

暗闇が君たちを迷わせ、誤謬が裏切っているというのに、君たちはどこに行こうというのだ。君たちはどこからやってきて、どこをさ迷おうというのか。

あらゆる時は書き留められ、いなくなった者は再び戻ってこなければならない。それゆえ聖なる者に耳を貸し、その声に心するのだ。その語ることに耳を澄ますにしくはない。指導者たる者は従う者に真理を語り、その機知をめぐらし、知力の限りを尽くすものだ。彼は君たちに針の穴を通すように事柄を明らかにし、枝から樹枝が削《そ》ぎ落とされるように紛らわしいものを削ぎ落としている。

だがいまや不正はその場を確保し、無知はしっかりとその乗り物に跨っている。暴虐の勢いは強まり、正義の呼びかけは鳴りを潜め、時は肉を食らう猛獣のように獲物を狙い、黙り込んでいた駱駝が大声を上げるように騒ぎ出す。人々は悪行を果たすために兄弟の契りを交わし、宗教は見放して、虚偽のために手を結び、真実については互いに憎しみ合う。

事態がこのような場合、息子は（喜びの代わりに）怒りの種となり、雨は炎暑のもと、悪人が蔓延り、善人は数少なくなる。このような時代の民は狼となり、支配者は肉食獣、中流の者は大食漢で、貧乏人は死に絶える。

真実は干乾び、虚偽が充ちあふれ、舌では愛情が示されるが、人々の心は闘争心で荒んでいる。そして不倫が血統の要となり、貞淑さはごく稀で、イスラームは動物の毛皮を裏返しにして身にまとう。

第百八の説教

＊アッラーの威力について

万物は彼に臣従し、万物は彼の手によって存在する。アッラーはすべての貧しき者の満足であり、賤しき者の栄光、弱き者の力、虐げられた者の避難所である。彼は語る者のすべての言葉を聞き、黙した者の秘密を理解する。生きとし生ける者の生計は彼に依存し、死ぬ者はすべて彼の許に帰り行く。貴方を知るために眼は貴方を見ることが叶わず、貴方の創造について誰かが述べる以前に貴方はすでに存在していた。貴方は自分自身のために創造を行ったのではなく、利益を求めて彼らを働かせているのでもない。貴方が捉える者は貴方より遠くに赴くことができず、貴方が捕まえる者は貴方の手から逃れることはできない。貴方に逆らう者は貴方の力を削ぐことができず、貴方に従う者も貴方の力を強めることはない。貴方の決定に不満な者はそれを覆すことができず、貴方の命令に従わぬ者も貴方なしに済ますことはできない。貴方の前ですべての秘密は明らかで、すべての隠された不在のものも貴方にとって現前する。貴方は永続し、貴方に終わりはない。貴方は限りなく、貴方から逃れる術はない。貴方は約束の地であり、貴方の許に赴く以外に逃れる場はない。あらゆる生き物のたてがみは貴方の手の中にあり、生ある者は皆貴方の許に帰り行く。

至大なるアッラー、われわれの眼にする貴方の創造のなんと偉大なることよ。しかし貴方の力の傍らにあってその偉大さのなんと小さなことよ。われわれの見かける貴方の領分のなんと厳かなことよ。しかしそれは、われわれの眼に見えぬ貴方の権威に比べてなんと慎ましやかなことよ。この世における貴方の恵みの広大なことよ。しかし次の世の恵みに比べてそのなんとささやかなことよ。

＊天使について

貴方は天使たちを貴方の天に住まわせ、貴方の大地の上高くにその場を与えられた。彼らは貴方と貴方の創造物について最も良く通暁し、貴方を最も畏れ、貴方の最も近くに居を占めている。彼らは男の腰、女の子宮に住まうことはない。彼らは卑しい水から創られたのではない。また彼らは時の盛衰に惑わされることがない。彼らは貴方から場を与えられ、貴方の近くに自分たちの居場所を持っているのだから。彼らの欲望は貴方に集中し、貴方を敬う心はきわめて大きく、貴方の命令を蔑《ないがしろ》にすることなどはない。彼らは貴方について隠されたものがあると認めると、それを自分たちの行いの至らなさのなせる業と認め、自らを責めて、彼らが貴方をそれにふさわしいように敬わず、貴方にふさわしいかたちで従わなかったためだとする。

＊アッラーの恵みと導き、ならびに不信者について

至大なるアッラー、創造者にして、創造の際の優れた試練ゆえに万物に崇められる御方。貴方は家（楽園）を創られ、そこに祭り、飲み物、糧食、配偶者、召使、宮殿、川の流れ、緑の植物、果実を備えられた。そしてそこに招くために呼びかけ人を遣わしたが、人々は彼の呼びかけに応えず、貴方が望まれるようには心を動かさず、貴方が期待するようには関心を示さなかった。彼らは（現世の）死骸に取りつき、それを食らうことによって辱めを受けたが、一緒になってそれを好んだ。

人がなにかに夢中になると、それは彼を盲にし、心に病をもたらす。そうなると彼は正しくものを見ず、聾《つんぼ》の耳でものを聞く。欲望は彼の知性を切り刻み、彼の精神はそれを追い求めているというのに、現世は彼の心の息の根を断ってしまう。

その結果、彼は、現世と、それに分け前を持つすべての者の奴隷となり下がる。それがどちらかを向くと彼もそちらを向き、どちらかの方角に歩くと彼もその方角を歩く。

彼は神から下される災難によって行いを正すことはせず、その忠告を受け入れることもしない。彼は不注意から捉えられ、取り消しも、取り返しも叶わない連中の事態を目の当たりにしているにもかかわらず。

＊死について

彼らが無視してきたものは、必ず彼らに降りかかる。自分たちとは無縁だと思い込んで来たこの世との別れは、彼らの許を訪れ、来世において約束されていたものと必ずめぐり合う。彼らに降りかかる試練は筆舌に尽くし難い。死の苦しみと別れの悲しみが彼らを取り囲み、そのために四肢は萎え、顔色も褪せる。そして彼らの間で死が争いを強め、時には人々の間にあって確かに眼で見、耳で聞き、精神も知力も健全な者の言語能力を奪い取ってしまう。彼は自分がいかに命を粗末に扱ったか、時を無駄に費やしたかについて思いめぐらし、夢中になってそれを追い求め、正しい手段で、あるいはいかがわしいやり方で富を手に入れたことを思い起こす。だがいまやそれを手に入れた結果が彼を煩わせる、彼はそれを手放す準備をしなければならないが、それは彼を継ぐ者たちの手に委ねられ、彼らはそれを享受し、大いに利用する。これは受け取る他人にとっては気楽な実入りだが、稼ぎ出す者には大きな重荷である。

このような男は死の間際に、約束が果たされなかったことを悔やんで切歯扼腕する。

彼は生きていた間にあれほど望んでいたものを諦め、その富ゆえに自分を羨み、嫉妬してきた者が自分の代わりにそれを手に入れていたならばと願うことになる。だが死は彼の肉体を蝕み続け、舌の働きと耳のそれが入り混じり、人々の中に身をおきながら舌でものをいい、耳でものを聞くことすらできなくなる。彼は人々の顔を見まわし、舌の動きを観察するが、彼らの発する声を聞き分けることができない。その間に死はますます彼を捉え、彼の視力も、聴力も奪い、魂は彼の肉体から離れる。彼は人々の前に亡骸を晒し、その脇で寂しさを覚えた人々は、彼の許から立ち去っていく。そのとき彼は弔問客と交わることもできず、呼びかける者に応えることもできない。

それから人々は彼を狭い土地に運び、そこに埋葬するが、そこで彼は自分の行為と向かい合うことになる。だがその時にはすでに、彼を訪れる者はいない。

＊審判の日について

そして啓典の定めどおりに時の期限がやってきて、最初の人間が最後の人間と共に呼び集められ、アッラーが望まれるような新しい創造の機会が訪れる。アッラーは空を振動させ、切り裂き、大地を激しく揺り動かす。また山々を引き抜き、撒き散らし、それらはその偉大さに対する畏れ、その力に対する恐れから互いにぶつかり合う。それから彼は中にいるものを取り出す。彼は生気の尽きた彼らに新たな生気を与え、散り散りになった彼らを一つに呼び集める。

次いでアッラーは隠された所業、秘密の行為について聞き質《ただ》すため彼らを区分けし、二つのグループに分ける。一方は報償を受ける者たちの群れで、他方は懲罰を受ける者たちの群れである。従順な者たちに対してはアッラーは褒賞として、自分の近みに住まうことを許し、彼らは永遠に神の住まいに居住し、そこから離れることはない。彼らの地位にはいかなる変化もなく、恐れに見舞われ、苦痛に襲われ、危険に晒されることは一切なく、そこから旅立つことは強要されない。

ただし反逆の徒に用意されているのは、最悪の住まいである。彼らの手は頸《くび》に巻かれ、前髪は両足に括りつけられ、身体はタールのシャツに包まれ、炎の衣に覆われる。彼らの受ける罰の熱気は激しく、火気に閉じ込められた扉の中は叫喚であふれ、燃えさかる炎、恐ろしい叫び声で一杯である。中に閉じ込められたが最後、外に出ることはできず、囚人たちには身代金は通用せず、彼らの枷は解き放たれることはない。その家には滅び去る期限もなく、そこに住まう者には解き放たれる時もない。

＊預言者――彼とその一族に祝福あれ――について

彼は現世を蔑《さげす》み、軽視し、それを卑しいものと扱い、嫌った。彼はアッラーが意図して自分をそれから引き離され、他の者には軽蔑の徴としてそれを与えられたことを弁えていた。それゆえ彼は心してそれから遠ざかり、自らその思いを断ち、その誘惑が目に留まらないよう試みた。これはその影響に捉われず、そこに留まりたいという望みを断つためである。彼は主の（罪に対する）赦しを伝え、人々に警告を与え、良き報せの伝え手として彼らを楽園に誘った。

＊預言者——彼とその一族に祝福あれ——の後裔について

われらは預言者の系統に属する者であり、聖なる報せが留まり、天使たちが宿る場であり、知の鉱脈、叡智の泉である。われらを支持し、愛する者は恵みを期待し、われらを憎むわれらの敵には怒りがあるばかりだ。

第百九の説教

＊イスラームについて

至大、至高のアッラーに近づこうと望む者にとって最良の手段は、彼とその御使いを信じ、そのために聖なる努力を行うことである。なぜならそれはイスラームの極みなのだから。そしてカリマト＝ル＝イフラース（神の手による浄化を願う言葉）を信ずることだ。なぜならそれは本性に他ならないのだから。そして礼拝を行うこと。これは共同体（の基礎）である。またザカートを支払うこと。これは避けることのできない義務である。またラマダーン月に断食を行うこと。これは罰に対する盾である。そしてアッラーの家にハッジとウムラ▽を行うこと。これら二つの行為は貧困を遠ざけ、罪を洗い流す。また近親者を思い遣ること。これは富を増し、命を永らえさせる。それから人知れず喜捨をすること。これは過ちを軽減する。また公然と喜捨をすること。これは悪い死にざまを避ける。そして善行に勤しむこと。これは不名誉を避けるのに役立つ。

＊クルアーンとスンナについて

アッラーに対する祈念を怠らないこと。なぜならそれは最良の祈念なのだから。そして神が敬虔な信者たちに約束したものを乞い願うこと。神の約束こそ、最も信頼に足りる約束なのだから。預言者——彼とその一族に祝福あれ——の導きに従って歩むこと。それこそが最善の導きなのだから。また彼の言行に従うこと。それこそ最も正しい言行である。そしてクルアーンを良く学ぶこと。それは最良の教えである。またそれに深く通暁すること。それは心の春である。それからその光に癒しを求めること。それは心の癒しである。またそれを美しく読誦すること。それは最も役立つ文章なのだから。自分の知識に反する行いをする学識者は、自分の無知に救いを認めることのない迷える愚か

▽ハッジとウムラ
いずれもメッカのカアバ神殿に巡礼し、定められた儀式を果たすことをいう。ハッジは五行の一つの大巡礼で、巡礼月の定められた期間に行うが、他方、ウムラは小巡礼で任意の期間に行うことができる。

者に過ぎない。このような者に対して反論は厳しく、叱責は避け難く、アッラーの最も強い非難が寄せられる。

第百十の説教

＊現世に対する警告

ところで私は君たちに、現世についての警告を与える。それは緑豊かで甘美さにあふれ、快楽に取り巻かれ、手っ取り早い悦楽で人の気を誘う。それはちょっとした事柄で人を感動させ、いたずらな希望で化粧をし、失望で身を飾りたてる。その喜びは永続せず、必ず苦しみが付きまとう。それは偽りに満ち、害をもたらし、変転絶え間なく、必ず滅び去り、いずれは色あせ、崩壊の淵にあり、大食らいで、破滅的だ。それを目指す者の欲望が限界に達し、満足が極まった時の状態は、ちょうど至高のアッラーがいっている通りである。「われらが空から降らす雨のように地上の緑と混ざり合うと、それは風に吹き散らされる乾いた切り株のようになる。アッラーにはよろずのことが可能である。」〔クルアーン一八章四五節〕

現世を楽しんだ者は、後に涙を流さずにはいない。その快楽を心に味わった者は、必ず確かな苦難に直面せずにはいない。悦びの慈雨を楽しんだ者は誰でも、後で災厄の大雨に見舞われる。朝に他人の助力が得られれば、夕べには見放されるのがこの世のならいである。その一面が甘美で心地よければ、もう一方は苦く、失意に満ちている。その瑞々しさから喜びを保つことのできる者は誰一人なく、その災厄がもたらす苦難に直面せざるをえない。夕べを安全の翼の陰で過ごした者は、翌朝恐怖の訪れに晒されずにはいない。それはまやかしであり、そこにあるものは皆欺瞞に満ちている。それは消え去るものであり、そこに見出されるものはすべて消滅する。そこにある貯蔵品のうち、価値あるものは敬神の念をおいて他にない。そこからわずかを手にする者は、より多くの安心を得、そこで多くをかち取る者は、より大きな災厄の種を手にする。彼は直ちにかち取ったものを手放さなければならない。

いかに多くの者がそれを信頼し、それに苦しめられたことか。それに満足を覚えていた者が躓き、権勢を誇っていた者が賤しめられ、誇り高き者が屈辱を味わったことであろうか。そこで権勢は移り変わり、生活は汚れ、甘い水は苦く、甘味は苦いミルラ（没薬）のようである。糧食といえば毒があり、その資産は乏しい。そこでの生は死に晒されており、健全さは病と隣り合わせで、権勢は奪われやすく、強者は敗れ去り、富める者は逆境に喘ぐ運命にあり、また隣人は略奪の危険に晒されている。

君たちはかの先人たちの住まいに生きているのではないか。彼らは長い生を享受し、優れた伝統を残し、遠大な希望を持ち、その数も優勢で、軍隊も力強かった。しかし一体彼らが現世を崇めたて、それに夢中になったことがあるだろうか。それから彼らは突然、十分な糧食も持たず、乗り物もなしにその場を離れたとでもいうのか。

君たちは耳にしたことがあるだろうか。現世が寛大に人々のために人質を差し出したり、十分な援助を与えたり、親しい仲間を与えたりしたなどという話を。むしろそれは彼らに困難をもたらし、彼らを災厄で憔悴させ、破滅で襲いかかり、その鼻面を地面に叩きつけ、足で踏みつけ、彼らに逆境をしつらえる。

君たちは現世に近づき、それを手に入れ、所有した者が永遠にそれと別れを告げる時、それがいかに酷い仕打ちをするか見たはずだ。それは彼らに飢え以外になにか糧食を与えたであろうか。狭い場所の他に住処を与えたであろうか。光の代わりに暗闇を、そして結局は後悔の他になにも授けはしなかったではないか。これが君たちが望み、満足を得ようとしてあくせく努力してきたものなのか。なんの疑いも持たず、恐れも抱かなかった者にとって、このような住処はなんと酷いものではないか。

それゆえ君たちは知るべきだ。君たちはもう知っているが、現世から離れ、遠ざかるべきだ。そしてそこに住まう間は、「われわれより一層力ある者は誰か」〔クルアーン四一章一五節〕と唱える者たちの警告に心すべきである。しかし彼らとて墓場に運ばれるが、騎手としてではない。それから彼らは墓場に留まるが、客人としてではない。地面には墓が造られるが、彼らの死装束は土で、隣人といえば古い骨ばかりだ。これらの隣人たちは呼び手に答えもせず、面倒を避けることもできず、弔う者を気遣うこともない。彼らは慈雨が訪れても喜ばず、飢えに出会っても落胆したりはしない。彼らは共にあるが、めいめい一人であり、隣りあっているが、互いに離ればなれである。彼らは近くに住むが互いに訪れることはなく、近しい仲であるが近づこうとはしない。彼らは忍耐強く、憎しみは持たず、無知ではあるが、悪意はなくなっている。彼らには問題を起こす恐れはないが、難題から身を護ることを期待することもできない。

彼らは大地の背中（表面）を腹（内部）と取り換え、広さを狭さと、家族を孤独と、光を闇と換えた。彼らはそこ（現世）を離れたように、素足と裸でそこに戻ってこなければならない。彼らはその行いと共にそこを離れ、永続する生、永遠の住処に向かって旅立ったのである。至大なるアッラーは、それについてこう述べている。「われらは最初の創造を行ったように、約束通りそれを繰り返す。まことにわれらはそれを執り行う。」〔クルアーン二一章一〇四節〕

第百十一の説教

*死の天使と死にゆく魂について

君は死の天使が家に入ってくるところに、気づいたことがあるか。または彼が誰かの命を呼び出しているのを、見かけたことがあるか。彼は母親の腹の中にいる胎児の命を、どのようにして取り上げるのだろうか。彼は母親の身体のどこかからそれに近づくのだろうか。それとも魂が、アッラーの赦しの許に彼の呼びかけに応えるのだろうか。それとも彼はそれと一緒に母親の胎内に宿っているのだろうか。被造物のこの程度の事柄を表現することのできない者に、どうしてアッラーについて物語ることができるというのか。

第百十二の説教

＊現世とその住人について

私は君たちに現世について警告を与える。それは定まりない場であり、草を食むところでもない。それは偽りで身を飾り、虚飾で人を欺き通す。それはアッラーが蔑《さげす》まれた住処であり、許された行為と禁じられた行為、善と悪、生と死、甘さと苦さが混ざり合っている。至高のアッラーも愛する者たちのためにそれを清めることはせず、敵に対してもそれを惜しみなく与える。その善はそれを控えることにあり、その悪はすぐに手に入るところにある。そこで集めたものは消えてなくなり、権勢は奪い去られ、住み込む者は衰亡に見舞われる。

倒れた建物のように崩れ去る家に、なんの良いことがあろうか。糧食の尽きた時代に、また人の歩みのように過ぎ去る時間に、いったいどんな良いことがあるというのだ。それゆえ君たちは、アッラーが義務とされたものを求めるものの中に付け加えるのだ。そして彼が命じたことを君たちが果たしうるよう彼に願うことだ。君たちが死に呼び立てられる前に、自分の耳で死の呼び声を聞き取るが良い。現世で禁欲を旨とする人々は、たとえ笑っていても心では泣いている。楽しそうにしていても、その悲しみはいや増している。彼らに与えられた恵みは人を羨ませるに足りるが、彼らの自己嫌悪は強まるばかりである。

死への思いは君たちの心から消え、そこに偽りの希望が住み着く。そして現世は来世以上に君たちを捉え、手近な事柄が君たちを遠い先の事柄から引き離す。君たちはアッラーの教えの兄弟である。しかし汚れた性質と悪い心根が、君たちの仲を裂く。その結果、君たちは互いに重荷を分かち合い、互いにいさめ合い、他人に代わって懐を痛め、慈しみ合おうとはしない。

一体どうしたというのか。君たちは現世で手にするわずかなものに満足し、来世で失う多くの事柄について悲しもうとはしない。現世で失うちょっとしたものが君たちを悩ませ、そのさまが明らかに君たちの顔に現れ、奪い去られたものに対する君たちの苛立ちがはっきりと読み取られる。まるで現世は君たちの終の住処で、そこで蓄えたものはいつまでも残り続けるかのようだ。君たちの誰一人として、自分の怖れる欠点を仲間に明かすことを妨げるものを持ち合わせてはいない。あるとすればそれはただ仲間が、自分に同じ欠点を明かすことを怖れることだけだ。

来世を遠ざけ、現世に執着することによって、君たちは共に欺かれたのである。そして君たちの宗教は、誰かが舌で舐めるようなものになり下がった。これは一仕事終えて、主人の満足を得るだけの行いに過ぎない。

第百十三の説教

＊禁欲、神への畏れと、来世への準備の重要性について

讃えあれアッラー、称讃と恵みを兼ね備え、恵みと感謝を結びつける御方。われわれはその慈悲と試練に対して彼に感謝を捧げ、命じられたことを果たすに遅く、禁じられたことに素早く手を出す者たちにも助力を授け給うよう。またその知が覆い尽くし、その書が書き留めるものについて、赦しを乞い願う。その知には欠けるものなく、その書は書き落すものがなに一つない。われわれは彼を信じる。知られざるものを見、約束された報酬を手に入れた者の信仰によって。その誠実さが多神教を退け、その確信があらゆる疑いを遠ざけた者の信仰によって。われわれは証言する。アッラー以外に神はなく、彼に似た者は誰一人なく、またムハンマド――彼とその一族に祝福あれ――は彼の下僕にしてその御使いである。

これら二つの証言は、言葉を強め、行為を高めるものである。この二つが中に収められた秤が軽くなることはありえず、それらが引き離された秤が重くなることは決してない。

＊敬虔さのすすめ

アッラーの下僕たちよ、アッラーを敬うが良い。敬神は（来世への）たつきであり、君たちはそれと共に帰り行くのだから。そのたつきは君たちを導き、帰還は首尾良く成功することであろう。最も耳を貸すに値する呼びかけ人がそこに赴くことを呼びかけており、最良の聞き手がそれに耳を傾けている。この呼びかけ人の言葉を聞いて、聞き手が成功するにしくはない。

アッラーの下僕たちよ、神への畏れは神を愛する者たちを禁じられた事柄から護ってくれた。そして彼らの心に神への畏れを植え付け、そのために彼らは醒めた心で夜を過ごし、渇きを覚えたまま昼を過ごす。そのために彼らは困難の中に寛《くつろ》ぎを、渇きの中に癒しを見出す。死が近いことを悟っている彼らは、善行に急ぎ、いたずらな希望に期待を寄せず、はっきりと死を視野に入れる。

また現世は破滅の住処であり、艱難、変化、試練の場である。破滅についていえば、運命はその弓を引き絞り、矢は的を外さず、傷は癒えることがない。それは生者を死で苦しめ、健康な者を病で、安全な者を困難で悩ます。それは飽くことのない大食漢で、とめどない呑み助だ。艱難についていえば、人は自分で口にもしないものを集め、住みもしない家を建てる。それから至高のアッラーの許に赴くが、そのとき彼は身に一物もなく、家を引き摺っていく訳でもない。

変化についていえば、君は哀れな人間が羨むべき地位を得、羨むべき人間が哀れな立場に立たされるのを目の当たりにしている。これは富が失せ、不幸が訪れたこと以外のなにものでもない。

また試練についていえば、人は希望を達成する間近にあるが、死がやってきて邪魔をする。このように希望は達成されず、望みを持つ者も放ってはおかれない。

至大なるアッラーよ、現世の喜びはいかに移ろいやすいものであろうか、その癒しはさらに渇きをいや増し、その影はなんと酷い暑さであろうか。訪れ来るもの（死）は引き返すことなく、過ぎ去った者は帰ってはこない。至大なるアッラー、生ける者はなんと死者の近くにいることであろうか。いずれ生者は死者と相まみえることになる。また死んだ者はなんと生者の遠くにいるであろうか。死者は生者と離別したままである。

それに対する罰を除いて悪より悪いものはない。それに対する報償を除いて善より良いものはない。この世において耳で聞かれるものは、目で見られるものより良い。来世においては見られるものはすべて、聞かれるものより良い。したがって君たちは見ることよりも聞くことに、未知の世界の話に満足するが良い。良く弁えるべきは、現世に欠け、来世に豊かなものの方が、来世に欠け、現世において豊かなものより遥かにましだということだ。欠けたものが喜びを見出し、豊かなものが損失を招く例はどれほど多いことであろうか。君たちが義務として命じられたことは、禁じられたことより範囲が広い。また君たちに許されたことは禁じられたことより多い。それゆえより多いもののために少ないものを放棄し、より広いもののために狭いものを捨てるのだ。

アッラーは君たちに生のたつきを保障し、なすべきことを命じている。それゆえ保障されたものを求めることが、なすべきことに先立つようなことがあってはならない。しかし神かけて、疑いの念が強まり、確信に陰りが生じて、君たちに保障されたものが義務となり、義務とされたものが取り払われてしまったかのようだ。それゆえ善行に急ぎ、突然の死の訪れを怖れるのだ。なぜならば再び恵みを乞い願うようには、命を取り返すことを期待しえないのだから。今日手に入れることのできなかった恵みは、明日にはそれ以上望むことができる。しかし昨日失った命は、今日取り返すことを望むことはできない。希望は将来のものであり、絶望は過去のものである。「アッラーにふさわしいようにアッラーを畏れ、ムスリムとなるまで死んではならない。」〔クルアーン三章一〇二節〕

第百十四の説教

＊雨乞いのために

アッラーよ、われわれの山々は干上がり、土地は埃だらけとなり、家畜は喉を乾かし、囲いの中でうろたえている。彼らは死んだ子供を嘆く母親のように呻《うめ》き声を上げ、牧場を訪れ、水場を求めて疲れ果てている。

アッラーよ、求める者の激しい求め、苦しみに呻く者の呻きに慈悲を垂れ給え。

アッラーよ、彼らの道中でのうろたえ、囲いの中での呻きに慈悲を乞い願う。

アッラーよ、われわれは旱魃の年が続き、雨雲がわれわれを見捨てた折に貴方の許に参じた。貴方は苦しみ悩む者の希望であり、探し求める者の救いである。われわれは人々が希望を失い、雲の姿が消え失せ、家畜が死に絶える時に、貴方を呼び求める。われわれの行いゆえにわれわれを咎《とが》め、われわれの罪ゆえにわれわれを捕えられんことを願う。豊かな雨雲と生気あふれる春、生い茂る緑で、われわれに篤い恵みを授け給え。夥しい雨で死に絶えたものに生気を与え、失われたもののすべてを蘇らせ給え。

アッラーよ、貴方はその手によって雨を降らせ、再び生気を与え、ぬかりなくすべてを蘇生させ、良き恵みにあふれ、心地良く滋味豊かで、緑を息づかせ、たわわに実を稔らせ、枝葉を茂らせる。貴方はそれによって被造物の弱きものに力を与え、貴方の死んだ町々を蘇生させる。

アッラーよ、その御手によって雨を降らせ給え。それはわれわれの高地を緑で覆い、低地を潤し、辺りを緑にあふれさせ、草木にたわわに実をならせ、家畜に豊かな食料を与える。そして遠隔の地は隅々まで潤い、乾ききった土地もその恩恵に与《あずか》る。それも疲れきった被造物、見捨てられた獣たちに対する貴方の広大な慈悲心、限りない贈り物のなせる業である。われわれに豊かな雨を降らせ給え。激しく、長く降り続ける雨を。ひと息の雨が他とぶつかり合い、その一滴が他の滴と連なり合うような雨を。その稲妻が欺くことはなく、広がる雲は雨を含み、白雲は飛び散ることがなく、降らせる雨はわずかではない。そのために飢えに悩む人々は豊かな緑に息を吹き返し、旱魃に苦しむ者はその恵みに蘇る。まことに貴方は人々が希望を失った後に慈雨を降らせ、その恵みを惜しみなく与え給う。貴方は誉れ高い保護者にあられる。

アッ＝サイイドッ＝ラディーはこの説教の素晴らしさについて次のように述べている。

「イマーム・アリー――彼に平安あれ――の〈インサーハト・ジバールナー〉とは、旱魃のために山々が崩れるという意味である。ものが崩れる時にはまた〈インサーハッ＝サウブ〉ともいわれる。またものが乾く時には、〈インサーハン＝ナブト〉、または〈サーハ・ワ・サッワハ〉という表現も用いられる。また彼の〈ワ・ハーマト・ダワーッブナー〉とは、喉が渇くという意味であるが、これはアル＝フヤームという語が喉の渇きを意味するところからきている。

また〈ハダービールッ＝シニーン〉は〈ヒドバール〉の複数であるが、これは足取りの弱まった駱駝を指している。そこでイマームは、旱魃の酷かった年と駱駝をかけているのである。アラブの詩人ズーッ＝ルンマは次のように詠っている。

これらの痩せた駱駝どもは困難を前にしてその地に留まったままである
彼らが動き出すのはわれらが乾いた土地に連れて行く時だけのことだ

また〈ワ・ラー・カザイン・ラバーブハー〉という表現があるが、ここでアル＝カザウとは、辺りに散らばった雲の小さな塊を指す。そして〈ワ・ラー・シャッファーニン・ジハーブハー〉はワ・ラー・ザータ・シャッファーニン・ジハーブハーの意味である。ここでアッ＝シャッファーンとは、冷たい風を指し、アッ＝ジハーブは小雨を意味する。彼はザータという語を省略しているが、それは聞き手の知識を予測してのことである。」

第百十五の説教

＊予測される困難と審判の日について

アッラーは彼を真理の呼びかけ人として、また被造物の証人として遣わされた。そして彼は主の言葉を怠ることなく、なんの遺漏もなく伝え、アッラーのためにその敵と倦むことなく、いかなる不平も漏らさずに戦った。彼は神を畏れる者の先導者であり、正しい導きの下にある者の中で最も聡い者である。

＊自軍の者を非難して

もしも君たちが、君たちの眼には見えぬが私の知っている隠されたものを知ったなら、直ぐに飛び出して自分の行いに涙を流し、悲しみに胸を叩き、見張りもつけず、代りも手にせずに財産を放り出すだろう。そのとき誰もが気にするのは自分のことだけで、他人のことなどお構いなしだ。ただし君たちは覚えておくようにいわれたことを忘れ、注意されたことなど心配ないと思い込んでいる。そして君たちの考えは乱れ、茫然自失の態となる。

私はアッラーが私と君たちの仲を裂き、君たちよりも一層私にふさわしい人々を授けてくれたならと願う。神かけて、これらの者どもは正しい意見の持ち主で、揺るがぬ英知を備え、真理を語り、反抗心など露ほどもなく、（アッラーの）道の先頭を行き、正道を駆け抜ける。そしてその結果、来世の永遠の生と素晴らしい栄誉を手に入れる。

神かけて、気をつけるが良い。背の高い足取りのふらついたサキーフ族▽の若者が君たちを支配することになるだろう。彼は君たちの畑を食い尽くし、君たちの脂を溶かして

▽サキーフ族
メッカのターイフの有

しまうに相違ない。アブー・ワザハよ、なんたる災いだ。

アッ＝サイイドッ＝ラディーは次のように述べている。「〈アル＝ワザハ〉はアル＝フンフサ、つまり昆虫の糞ころがしを意味している。この言葉は、アル＝ハッジャージュを指している。彼には糞ころがしにまつわるエピソードがあるが、ここで指摘するまでもない。」

第百十六の説教

＊吝嗇《りんしょく》漢を非難して

君たちは自分の富を、それを与え給うた者に一文たりとも使おうとはしない。またそれを創り給うた者のために自分の命を危険に晒そうともしない。君たちはアッラーの手によって、その下僕たちの間で栄誉をほしいままにしながら、彼らの間でアッラーを敬おうとはしない。君たちは先人たちの地位を占めていることから、また一番近しい親族と別れ別れになっていることから、教訓を得なければならない。

力部族でクライシュ族と同盟関係を結んでいた。

第百十七の説教

＊忠実な教友たちを讃えて

君たちは真理の助力者であり、宗教の兄弟、苦難の時の盾、他の人々の中で信頼に足りるともがらである。君たちの助力によって私は後ろを見せる者と戦い、向かってくる者の忠誠を期待することができる。それゆえ裏切りもなく、疑いの雲一つない助力によって私を力づけて欲しい。なぜなら私は、神かけて、人々の中で最も彼らにふさわしい者なのだから。

第百十八の説教

イマーム・アリー——彼に平安あれ——は人々を呼び集め、彼らに聖戦を呼びかけたが、長い沈黙が続いた。そこで彼はいった。「一体どうしたというのだ。君たちは唖《おし》にでもなったのか。」すると誰かがいった。信者たちの長よ、貴方が行くならば、われわれも参りましょう。そこで彼——彼に平安あれ——はいった。

一体君たちはどうしたというのだ。君たちは正しい導きを受け、目的を示されたのではなかったか。このような状況において、私は是非とも出陣しなければならないであろうか。このような時には、君たちの中でも私の気に入った勇敢で、剛毅な者が出陣するのが妥当であろう。私は軍隊や町々、国庫や土地からの収入、ムスリムの間の裁判や民衆の要求への配慮等を放っておいて、こちらの隊からあちらの隊へと空の矢筒の中の矢のようにふらふらと動き回っている訳にはいかない。私は水車の軸のような者だ。私がいる場所の周りで、水車が回転する。そして私がその場を離れると、回転に狂いが生じ、基礎の部分もその影響を受ける。

神かけて、これは誤った考えだ。神かけて、もしも私が敵と相まみえて殉教することを望んでいなくとも、もし私が敵と戦うことが定めならば、私は出陣の用意をするであろう。だがその時は君たちと別れを告げ、南と北が異なる限り、悪口に長け、あら探し屋で、尻軽な裏切り者の君たちに助けを求めることはないであろう。

いかに君たちの数が多くとも、心の団結がなければなんの利益もない。私は君たちを自ら滅びる者以外滅びることのない、明らかな道に導いてきた。その道を真っ直ぐ歩む者は天国に行き、迷う者の行く先は地獄である。

第百十九の説教

＊預言者——彼とその一族に祝福あれ——の一統の偉大さとイスラーム法の重要性について

神かけて私は、教えを伝えること、約束を守り、あらゆる言葉を慎むことを学んできた。われわれ預言者——彼とその一族に祝福あれ——の一統には、叡智の扉と統治の光が備わっている。

良いか、宗教の道はただ一つであり、その大道は真っ直ぐである。その道を選びそれに付き従う者は良き成果を手にし、それに付き従わぬ者は道に迷い、後悔するばかりである。

多くの糧食が準備され、意思が試される日のために行いを正すが良い。自分に備わった知を役立てることのない者にとって、自分に遠い者の知は一層役立たず、無縁の者の知はさらに無益である。

灼熱の地獄の業火を怖れよ。その洞穴は底なしで、その飾りは味気ない鉄であり、その飲み物は血膿である。

心せよ、至高のアッラーがある人物に与える人々の良い評判は、神を誉め讃えない者の手によって残された財産よりも、一層価値あるものである。

第百二十の説教

＊イマーム・アリー――彼に平安あれ――の仲間の一人が立ち上がっていった。貴方は先ずわれわれに裁定を禁じ、その後でそれを命じました。われわれにはそのどちらが正しいのか解りません。すると彼――彼に平安あれ――は一方の手で他を叩き、いった。

それが約束を違えた者の報酬だ。神かけて、私が君たちにそれを受け入れるよう命令を下した時、私は君たちを好ましくないこと（戦い）に導いたが、アッラーはそれを良しとされたのである。もしも君たちが断固とした態度を取るならば、私は君たちを正しく導くであろう。またもしも君たちが態度を曲げるならば、私はそれを正し、君たちが命令を拒むならば、君たちの態度を矯正するであろう。これが最も確かな道である。しかし私は誰に信をおき、誰を頼りにすればよいのか。

私は君たちに治療を望んでいる。しかし君たちは私の病に他ならない。これではまるで、棘を他の棘で抜き取ろうとする者のようなものだ。おまけに彼は、棘が内側に曲がっているのを知っているときたらどうだろう。

神かけて、医師たちはこの致命的な病に絶望しており、井戸から水を汲み上げる綱は桶の重さに耐えきれない。

イスラームに招かれ、それを受け入れた人々は、一体どこにいるのか。彼らはクルアーンを読んで、それを基に行動し、聖戦の誘いを受けて、雌駱駝が子供に跳びかかるように勇み立ち、鞘から剣を抜いて大地のあちこちに隊列を組んで出かけていく。

彼らのある者は死に、他の者は生き残った。しかし生存の良き報せは彼らを喜ばせず、死者についても弔意を示す訳ではなかった。彼らの眼は涙で白みを帯び、腹は断食で痩せ細り、唇は絶えざる祈願で干乾び、顔色は夜の不眠で青白く、顔は敬神の埃にまみれていた。このような人々は私の許を立ち去っていった私の兄弟である。われわれが彼らを慕い、彼らとの別れに手を噛みしめるのも当然のことである。悪魔は簡単に君たちに近づき、宗教の結び目を一つ一つ解き放ち、団結の代わりに分裂を、そして分裂により内乱を引き起こそうと試みる。彼の忌わしい考え、誘惑から遠ざかり、君たちに良き忠告を授けた者の意見を受け入れ、それを心に刻むが良い。

第百二十一の説教

＊ハワーリジュ派に対して

ハワーリジュ派の者は、裁定に反対して自分たちの軍営に離脱していった。そこでイマームーー彼に平安あれーーはいった。「君たちは皆われわれと共にスィッフィーンにいたのではなかったか。」すると彼らは答えた。「われわれのある者はそこにいましたが、他の者はいませんでした。」

そこで彼はいった。「それならば君たちは二つのグループに分かれてくれ。一方はスィッフィーンにいた方で、いなかった方は別のグループというように。そうしたら私はそれぞれにふさわしいような話をしよう。」

そして彼は人々に呼びかけていった。「話を止めて静かに私のいうことを聞いてくれ給え。熱心に私の話を聞いて欲しい。われわれが証言を求める者は、それに関する知識に基づいて証言して欲しい。」

それからイマームーー彼に平安あれーーは、彼らに長々と語りかけた。その一部は次のようなものである。

彼らがクルアーンをかざした時、これは奸策であり、奸計、策謀、欺瞞に他ならないが、君たちは彼らもわれわれの兄弟であり、同じイスラームの仲間だといわなかっただろうか。

彼らはわれわれとの戦いを止め、至大なるアッラーの書に基づいて和平を求めた。われわれの意見は彼らの提案を受け入れ、彼らとの争いを止めることではなかったか。そこで私は君たちにいった。これは表は信仰に属するが、中身は敵意のある問題だ。最初は恩恵であるが、終わりは後悔となるであろう。したがって君たちは自分たちの立場を守り、自分たちの道にいそしみ、聖戦に力を注ぎ、喚き声を上げる者（ムアーウィヤかアムル・イブヌ＝ル＝アース▽）の喚きに気を取られてはならないのだ。もしも彼に答えが与えられれば、彼は道を誤り、無視されれば、不名誉を被ることになるであろう。

だがこの問題が起こった後で、私は君たちがそれを承諾するさまを見た。神かけて、もしも私がそれを拒んだとしても、それは私にとって義務的なものではなかったし、アッラーはそれを私の罪とはされなかったであろう。そして神かけて、もしも私がそれを敢えてしたとしても、それは私こそが従われるにふさわしい者だからに他ならない。

聖なるクルアーンは私と共にあり、それを友としてこの方、私はそれを手放したことはない。またわれわれは常にアッラーの御使い――彼とその一族に祝福あれ――と共にいた。戦闘は父祖たち、息子たち、兄弟たち、親族たちの間で行われたが、あらゆる困難、苦難はわれわれの信仰心、真実への歩み、命令への服従、傷の痛みに対する忍耐を強めるばかりであった。

しかしわれわれはイスラームに誤謬、歪曲、疑念、誤解が忍び込んだおかげで、いまや兄弟同士で相争う状態に陥っている。ただしもしもわれわれが、アッラーが分裂しているわれわれをまとめ上げ、互いの間の共通点を求めて近づくような、なんらかの方策を見つけ出すことができるならば、われわれはそれを受け入れ、それ以外のものは投げ出すであろう。

▽アムル・イブヌ＝ル＝アース
カリフ・ウマルの時代のエジプト遠征の指揮を執り、イスラームの版図の拡大に貢献した。スィッフィーンの戦いにおいては、ムアーウィアの陣営についた。（六六三年没）

第百二十二の説教

＊戦いに当たって仲間の者たちに

合戦において君たちの誰もが心の高揚を覚え、兄弟の一人が怖気づくさまを見るであろう。その時には彼より優れた持ち前の勇気によって、兄弟を護るのだ。彼が自分で自分を護るように。もしも神が望まれるならば、アッラーはこの兄弟に彼同様の勇気を与えられるであろう。確かに死は、素早い仕事人だ。強く立ち向かう者もそれから逃れることができず、逃げ出す者もそれを免れない。最良の死は、戦死することだ。アブー・ターリブの息子の命がその手の中にある神にかけて、私にとっては剣の千回の打撃の方が、アッラーに従わずに寝床で死ぬよりも容易なことだ。

第百二十三の説教

私は君たちが、蜥蜴《とかげ》が皮をこするような声を上げているさまを見る。君たちは真理を求めもせず、圧政に逆らう訳でもない。ただ道を気ままに歩き回るだけだ。ただし急いで（戦いの場に）赴く者は救いを手にし、躊躇《ためら》う者には破滅があるのみだ。

第百二十四の説教

＊仲間の者を戦いに誘って

鎧を身に着けた者は前に、着けない者は後ろに位置すること。それから歯をきっちりと噛みしめること。こうすることによって頭を剣から護り、槍の穂先をかわすことになる。なぜならそれは刃の向きをかわすからである。また目をつむること。これは気力を高め、心を鎮めるのに役立つ。そして声を上げないこと。これによって弱気を抑えることができる。また君たちの軍旗だが、それを傾けてはならないし、孤立させてもならない。それを持たせるのは君たちの中でも勇気にあふれ、名誉を守り抜く気概を持つ者に限られる。降りかかる困難に耐え抜く者だけが軍旗を守り、後ろや前からそれを援護するのだから。彼らはそれを敵の手に渡さぬために、それから遅れることはない。それを孤立させないように、余り前にも進まない。それぞれが自分の敵と渡り合わなければならない。また自分の命を賭けて兄弟を護ること。そして自分の敵と兄弟の敵が力を合わせて襲いかかることのないように、自分の敵を兄弟に任せないこと。

アッラーにかけて、たとえ君たちが今日の剣から身を護ることができても、来世の剣をかわすことは叶わない。君たちはアラブの中でも、最も傑出した選良である。そして退却の中にはアッラーの怒りと、絶えざる不名誉、消え失せぬ屈辱がある。退却する者には長い命は保証されず、彼と彼の（死の）日の間を執り成すものはなにもない。アッラーの許に赴く者が、水場を訪れる喉の渇いた者のようでありうるだろうか。楽園は、槍の穂先の下にあるのだ。今日こそは名誉が試される日なのである。神かけて、私は家路に急ぐ彼らよりも、戦いの場で彼らとまみえたい。神かけて、もしも彼らが真理を拒むならば、彼らの一団を蹴散らし、彼らの言葉（意見）をずたずたに裂き、その誤りゆえに彼らを滅ぼすであろう。彼らは鋭い槍の突きで風穴があくまでは、立場を崩すまい。刀の一撃で頭に切りつけ、骨を砕き、手足を折り、次から次へと波状攻撃をうけ、控えの者に支援を受ける強力な軍勢に攻め立てられ、町々が次ぎ次ぎと押し寄せる大軍に攻略され、軍馬の蹄が彼らの土地の隅々を、家畜の通り道、牧場に至るまで踏み散らすまでは。

アッ＝サイイドッ＝ラディーは次のように述べている。「〈アッ＝ダアク〉とは、踏みつけることという意味のアッ＝ダックのことであり、馬が蹄で大地を踏みつけるといった表現に用いられる。また〈ナワーヒル・アルディヒム〉は互いに向かい合った土地という意味で、何某一族の家々は互いに向かい合っているというように用いられる。」

第百二十五の説教

＊ハワーリジュ派が人間の手による裁定を拒んだ時の彼らの主張について。それは裁定を是とする人々を非難しているが、イマーム——彼に平安あれ——は次のように述べている。

われわれは人々を裁定者と呼んでいる訳ではない。クルアーンこそが裁定者なのである。

このクルアーンは、二枚の表紙に包まれた書物であり、舌で語りかける訳ではない。そこで当然通訳が必要になるが、それができるのは人間だけだ。人々がわれわれに自分たちの問題をクルアーンの裁定に委ねようと申し出た時、われわれは至高のアッラーの書に背を向ける者ではありえない。なぜなら至大なるアッラーはこういわれているのだから。「もしも君たちがある問題で争うことがあれば、アッラーか御使いに相談するが良い。」〔クルアーン四章五九節〕アッラーに相談するということは、クルアーンに従って決定することであり、御使いに相談するということは、スンナに従うことである。したがって裁定が正しくアッラーの書に則って行われるならば、われわれはそれに最もふさわしい者であるということになる。

ところで君たちのいう、なぜ裁定に関して自分と彼らの間に時間の差を設けたのか、という点については、こう答える。つまり私がそうしたのは、無知な者が問題を理解し、知者がそれを確言するという事態を想定したからである。おそらくアッラーは、この和平の結果、この共同体の状態を改善されることもあろうし、彼らも喉元を捕まえられ、真実が明らかになる前に行動を起こし、初めに誤りを犯したように反乱に走るようなこともないであろう。

アッラーにとって最も好ましい者は、真実に基づいて行動する者である。よしんばそれが困難、苦しみを伴うものであっても、利得や利益をもたらす悪に従うよりはましである。君たちはどこで道を誤り、どこからこのような羽目になったのか。正しい道を踏み外し、忍耐心を忘れた連中に近づくようになったのか。悪行の虜となり、行いを正さず、啓典から遠ざかり、正道から外れたような連中に。君たちは信頼に値するような者ではなく、守るに足りる名誉の持ち主でもない。君たちは戦いの火種を消そうとしない悪党だ。君たちに呪いあれ。私は君たちに散々悩まされた。時に私は君たちを戦いに誘い、時に信頼をもって語りかけた。しかし君たちは呼びかけに対して、それに応える正しい自由のともがらではなく、信頼にふさわしい兄弟でもなかった。

第百二十六の説教

＊配分の公正さについての非難に対して

君たちは私に、統治を委ねられた人間を不正に取り扱うことによって、支持を得るよう望むのか。私は世界がこのままで、空の星が他の星を導く限りは、決してそうはしないであろう。たとえ私財であっても、私は人々に公平に分け与えるであろう。そして財はすべてアッラーのものであれば、どうしてそうしない訳があろうか。

＊同じ問題について

心せよ、なんの権利もなく財を与えることは浪費、無駄な散財である。それは現世において与える者の地位を高めるが、来世においては地位を低めるものである。それは人々の前で彼の名誉となるが、アッラーの前では彼を卑しめる。もしも人が自分の財をなんの権利もなく、それにふさわしくない者に分け与えるならば、アッラーは人々が彼に感謝することを禁じ、彼らの愛も他人に向けられることになるであろう。そして彼が苦境に立つことになり、他人の助けを必要とする事態になれば、彼らは最悪の仲間、恩知らずの友人となる。

第百二十七の説教

＊再びハワーリジュ派について

もしも君たちが、私が過ちを犯し、道を誤ったとする考えを捨てないとするならば、なぜ君たちはムハンマド――彼とその一族に祝福あれ――に付き従った一般の人々が私と同様に道を誤り、私と同じく誤りを犯し、罪を犯して不信者となったといわないのか。君たちは自分の剣を肩に担いで、正しいところにも、誤ったところにも用いている。君たちにとっては罪を犯した者も、そうでない者も一緒くただ。君たちも承知のことであろうが、アッラーの御使い――彼とその一族に祝福あれ――は保護された（既婚の）姦通者を石打の刑に処した。しかしその後、彼の葬儀の祈りを上げ、その相続人に遺産窃盗者の手を切り、保護されていない（未婚の）姦通者を鞭打ちの刑に処したが、これらの者にも戦利品の配分を行い、ムスリムの女性と結婚させている。このようにアッラーの御使い――彼とその一族に祝福あれ――は人々の罪を問題にしているが、それと同時に彼らにもアッラーの権利を認め、イスラームの取り分を分け与えており、彼らの仲間の間でその名は抹消されてはいない。

君たちは本当の悪党で、悪魔に狙いをつけられ、不毛の地にさらわれた連中だ。私の考えでは、次の二種類の人間は滅び去る。それは人を余りに愛し過ぎる者と、強い憎しみを抱く者だ。彼らはいずれも正しい道から外れる。最善の人間は、中道を行く者だ。それゆえそのような人物に従い、一般の大衆に足並みを合わせるが良い。なぜならばアッラーの手は民衆の上にあるのだから。君たちは分裂に気をつけなければならない。群れから離れた者は、群れから離れた羊が狼の餌食になるように、悪魔の餌食になるのだから。良いか、そのような道に呼びかける者は、たとえこの私の指揮下にある者でも、殺すが良い。二人の裁定者は、クルアーンが生かすものを生かし、クルアーンが殺す者を殺すために任命された。生かすとは、その上に団結することであり、殺すとはそれから離脱することだ。

もしもクルアーンがわれわれに彼らに従うよう命ずるならば、われわれは彼らに従わなければならない。しかし彼らがわれわれに従うよう命ずるならば、彼らがわれわれに従うべきなのである。私は君たちに――君たちに呪いあれ――どんな不幸をもたらしたこともない。なにごとにつけ君たちを偽ったこともなく、混乱を引き起こしたこともない。君たちの一団は一致して二人の人間を選び出すことに同意した。われわれは彼ら二人にクルアーンに逆らうことのないよう指示したが、彼らは道を誤った。彼らは二人ともそれに良く通じていたにもかかわらず、真理をおき去りにしてしまった。この誤りは、彼らの欲望のなせる業に他ならないが、彼らはその道を歩んでしまった。これに先立ちわれわれは、公正に裁定を行い、真実に固執することによって、彼ら自身の見解の欠点、裁定の過ちを避けることができると申し出ていたにもかかわらず。

第百二十八の説教

＊バスラに関わる問題について

おおアフナフ▽よ、私は彼が軍隊を率いるさまを見たようだ。埃も立てず、喚声もなく、操る手綱の騒音も、馬の嘶《いなな》きもなく。彼らは大地を踏みしめるが、まるで駝鳥の足のようだ。

アッ＝サイイドッ＝ラディーは次のように述べている。「イマーム――彼に平安あれ――はこれで、黒人たちの長を指している。」

＊同じ主題について

君たち（バスラの住民）に災いあれ。人の住まう通りや飾り立てられた屋敷には、鷲の翼のような翼があり、象の鼻のような管がついている。そこの住民は、死者も弔わ

▽アフナフ・イブン・カイス　ホラサーン地方を制圧したバスラの総督。

ず、行方不明の者も探し求めないような連中の出身だ。私は現世をひっくり返しにして、その価値なりにしか価値を認めず、それにふさわしいようにしか判断しない。

＊トルコ（モンゴル）人について

私の見るところ彼らの顔はざらざらの肌をし、絹や毛の衣装をまとい、駿馬を備えている。彼らの間では流血沙汰は自由に許されており、負傷者が死人の上を歩きまわり、逃亡者の数は捕虜より少ない。

仲間の一人が彼にいった。「信者たちの長よ、貴方は隠された事柄についての知識について述べられたことがあります。」すると彼――彼に平安あれ――は笑って、カルブ族▽のその男にいった。

やあカルブ族の兄弟よ。それは隠された事柄についての知識ではなく、知を持つ者が学びとったものだ。隠されたものについての知とは、審判の日の知のことで、それについては至大なるアッラーが次のように述べている。「まことにアッラーは、審判の日の知識を備えられる御方。」〔クルアーン三一章三四節〕それゆえ至大なる御方は、子宮に宿っているのが男か女か、醜いか美しいか、寛大か吝嗇《りんしょく》か、不幸か幸せか、地獄の火種となる

▽カルブ族
イスラーム勃興以前からシリアを拠点とした部族で、ムアーウィアが連携を築いた。

者か天国で預言者たちと共に過ごす者か、なにもかも承知である。これが隠されたものの知で、アッラーを除いて他に誰一人それを知ることはない。それ以外のものは、アッラーがその預言者――彼とその一族に祝福あれ――にその知を授け、彼がそれを私に授け、私の胸がそれを受け入れ、肋骨がそれを留めおくように呼びかけたものである。

第百二十九の説教

*度量衡について

アッラーの下僕たちよ、君たちと君たちが現世に望むものは急ぎの客か、取り立てを迫られる借財人のようなものだ。生命は日に日に短くなり、行いは記録に書き留められていく。働き詰めの多くの者は徒労に終わり、仕事に勤しむ多くの者は失敗する。君たちは善の歩みが後ずさりし、悪の歩みが前進する時代に生きている。悪魔は人々を滅ぼすことだけに意欲を示すが、いまは悪魔の仕掛けが効き目を増し、その罠が辺りに張りめぐらされ、楽々と獲物が手に入るような時代である。どこでもよいから人々に目を向けてみるが良い。眼につく光景は、貧乏人が貧困に苦しみ、金持ちはアッラーの恵みを不信に変え、吝嗇漢《りんしょく》はアッラーへの義務を蓄財の糧とし、不遜な者はあらゆる忠言を空文句として聞き入れない。君たちの選良、有徳で志高く、寛大な者どもはどこにいるのか。仕事において虚偽を排し、行いを正すことに努める者はどこにいったのだ。彼らは皆この汚れ果て、移ろいやすく、災いの多い現世とは別れを告げていたのではなかったか。そして君たちは、余りの卑しさゆえに両の唇も彼らを非難することを止め、その名も口にしないような連中から、身を引いたのではなかったか。「まことにわれわれはアッラーのものであり、彼の御許に帰り行く。」〔クルアーン二章一五六節〕

災厄が姿を現し、誰一人それに逆らい、それを変える者もいない。それに歯止めをかけ、抵抗する者もない。このようなことで君たちは、楽園でアッラーの近くに身をおき、彼の許で最も名誉ある者であることを望むのか。とんでもないことだ。アッラーは楽園のことに関して欺かれることはなく、彼に対する服従を除いて、その満足を手にする手段はない。

口で善行に勤しめといいながらそれを行わず、悪行を避けよと唱えながらそれに手を染める者に神の災いあれ。

第百三十の説教

＊アブー・ザッル▽——彼に平安あれ——がラバザに放逐された際に

▽アブー・ザッル・アル＝ギファーリー

アブー・ザッルよ、君はアッラーの名において怒った。だから君がそのために腹を立てた者に望みを託すが良い。人々は（現世の快楽を求める）彼らの世界のことで君に恐れを抱いている。君は自分の宗教のために彼らのことを怖れているというのに。そして彼らが君を怖れる原因を彼らの手に残し、君の彼らについての恐れを持って彼らの許を離れるが良い。彼らは君が彼らに拒むものを激しく望み、君は彼らが君に禁じているものを少しも必要としていない。君はすぐに明日の勝者が誰であり、最も羨まれる者かを知ることだろう。諸天と大地がある者に道を閉ざすとしても、彼がアッラーを畏れるならば、アッラーは彼に道を開いてくれるであろう。真理だけが君を惹きつけ、過ちは君を遠ざける。君が彼らの現世的な誘惑を受け入れていたならば、彼らは君を愛し、君がそれを共有したならば、彼らは君に隠れ家を提供していたことだろう。

第百三十一の説教

＊カリフの地位を受け入れることをめぐって、ならびに統治者、支配者の資質について

意見を異にし、心もばらばらで、身体はここにあっても、知性はどこかにいってない者どもよ。私は君たちを真理へと誘っているが、君たちはライオンの咆哮に恐れをなす山羊や羊のように逃げ出すだけだ。君たちに公正さの真実を明かし、曲げられた真理を

きわめて早い時期にイスラームに入信し、その誠実さゆえに預言者の篤い信頼を得ていた教友。清貧を貫き、シリアにおいて第三代カリフ・ウスマーンと、シリアの総督ムアーウィアの貴族化した治政の頽廃を憶することなく糾弾し続けた。その結果、ウスマーンの命により、マディーナに強制連行され、最終的に生まれ故郷の小村ラバザに追放される。そこでの過酷な生活により衰弱死する。（六五二年没）

真っ直ぐに正すことはなんと難しいことだろう。

神かけて、貴方はわれわれのしたことが権勢を求めるためでなく、この世の虚飾からなにかを手にするためでもないことをご存知のはず。むしろわれわれは貴方の教えの徴を取り戻し、貴方の町々に繁栄をもたらして、貴方の下僕のうちの虐げられた者が安全を享受し、放置された命令が再び行われるよう望んでいる。神かけて、私は（貴方に）身を傾け、聞き入れ、（イスラームの呼びかけに）応えた最初の者であり、礼拝を先に行った者は、アッラーの御使い――彼とその一族に祝福あれ――を除いて他にはいない。

君たちは確かに、ムスリムの名誉、生命、戦利品、法的命令に与《あずか》り、彼らの指揮をとる者が吝嗇《りんしょく》漢であってはならないことを知っているはずだ。なぜなら彼の強欲は、人々の財産に狙いをつけるのだから。また無知な者も適格ではない。彼はその無知で人々を誤らせるであろう。粗野な人間も好ましくない。彼はその粗暴さで人々の仲を裂くであろう。財を不正に取り扱う者も問題である。このような者はある人々を他の者たちと差別する。また物事を決定する際に賄賂を取る者もいけない。この種の者は（他の者の）権利を取り上げて限度なしに貯めこむことだろう。またスンナを弁えない者も失格である。彼が共同体を破滅させることは必定なのだから。

第百三十二の説教

＊死についての警告

アッラーに讃えあれ、彼が取り上げ、与えるもの、彼がわれわれを試し、そのために用いるものすべてのゆえに。彼は隠されたもののすべてを知り、隠れたものすべてを見る。また胸が内に秘めるもの、眼が隠すものすべてを知る。われわれは証言する。アッラー以外に神はなく、ムハンマド――彼とその一族に祝福あれ――は彼が選んだ彼の使徒である。この証言は秘かにも、公前にも、心によっても、舌によっても確証されるものである。

＊同じ説教から

神かけて、それは真面目な問題で、遊びごとではない。真実であって、虚偽ではない。それはまさしく死に他ならない。その呼びかけ手はそれを告げ回り、その先導者はしきりとせき立てる。人々の大多数は、君を欺いたりはしない。君は先人たちが富を蓄え、貧困に備え、悪い結果を避けて欲望の永続、死からの逃避を試みてきたことを知っている。しかしなんと死が彼らに襲いかかり、彼らを祖国から追い出し、安全な場所から引き離してしまった。彼らは棺に載せられ、人から人の手に渡り、肩に担がれ、手で支えられる。

君たちは遠大な望みを持ち、豪勢な屋敷を建て、有り余る蓄財をしたものの、家屋敷は墓となり、蓄えたものは廃墟と化した例を見なかったであろうか。もしくは彼らの資産は、相続人、配偶者、あるいは赤の他人のものとなるといった具合だ。この期に及んでは彼らは善行を増やすこともできず、悪行の赦しを願うこともできない。ただし敬神の念を心に留め持つ者は、より良い地位を占め、成功を収めることができる。それゆえ自分のために心して、楽園を目指して行いを正すのだ。現世は君たちのために終の住処を用意するものではない。それは終の住処を目指して善行を蓄えるための、通り道として創られたものである。それゆえそこから急いで旅立つことを心がけ、出発のために乗り物を準備するが良い。

第百三十三の説教

＊アッラーの栄誉について

現世も来世も彼に手綱を託し、諸天も大地もその鍵を彼の手に委ねる。生い茂る大樹は朝な夕なに彼にぬかずき、その枝々から光り輝く炎を彼に捧げ、彼の命ずるままに熟れた果実をたわわに稔らせる。

＊クルアーンについて

アッラーの書は、君たちの間に行きわたっている。それは明らかに物語り、その舌はもつれることがない。それは決して柱が倒れることのない家であり、支持者たちが破れることのない権威である。

＊預言者——彼とその一族に祝福あれ——について

アッラーは彼を、さまざまな意見が交わされた使徒たちの時代のしばらく後に遣わされた。そしてアッラーは彼をもって使徒たちの系譜を閉じ、啓示を終えた。その後、彼はアッラーのために、アッラーから逃れ、アッラーと等しい者を認める者どもと戦った。

＊現世について

現世は、その背後にあるものがなにも見えない（精神的な）盲人の視力が尽きるところである。具眼の士の眼差しはその奥を見据え、真の住まいが現世の先にあることを見抜く。それゆえ具眼の士はそこを離れることを望むが、盲人はそこに住みつくことを求める。具眼の士はそこで（来世のための）蓄財を行うが、盲人は現世のための蓄財を行うだけである。

＊警告について

良く弁えるが良い。現世において人は、生命を除きすべてに飽き、倦み疲れるが、それは彼が死になんの喜びも感じないためである。これを弁えることは叡智に属するもので、死んだ心にとっての生命であり、ものの見えぬ目にとっての視力、聞こえぬ耳にとっての聴力、渇きを覚える者にとっての癒しであり、そこには完全な充足と安全がある。君たちはアッラーの書に基づいて見、語り、聞く。そのある部分は他について語り、またある部分は他を解き明かす。それはアッラーに関していかなる異論をもたらすものでなく、信者たちをアッラーの許から迷わせもしない。

君たちは一緒になって互いに憎み合い、汚物の上に緑を植える（心の醜さを見かけの美しさで覆い隠す）。欲望を追い求めることでは互いに誠実さを示すが、蓄財のためには互いに敵意を露わにする。（悪魔の）醜悪さは君たちを惑わせ、欺瞞が道を誤らせる。私は私自身と君たちのために、アッラーの助力を乞い願わずにはいられない。

第百三十四の説教

＊ウマル・イブヌ＝ル＝ハッターブが、ビザンティン遠征に自分も直接参加することについて意見を求めた時に

アッラーは辺境の地を強化し、秘密の地を護る任務をこの教えの信者たちの手に委ねた。アッラーは、彼らの数が少なく勝ち目のない時には彼らを助け、彼らが無勢で防戦が叶わない時には彼らを護った。彼は生き続け、死ぬことはない。もしも貴方が自ら敵地に向かい、彼らと戦を交え、なにかの不祥事にあったなら、ムスリム勢には僻地の町々以外に隠れ家はなく、貴方を欠いた後に頼るべき拠り所もない。したがって貴方は歴戦の士を遣わし、彼に有能で志の固い人々を従わせるが良いであろう。もしもアッラーが勝利を賜るならば、それは貴方の望むところだ。もしもそうでないとしたら、貴方は人々の避難所となり、ムスリムたちの帰還の場となるのである。

第百三十五の説教

＊アリーとウスマーンの間で口論が起きた。そしてアル＝ムギーラ・イブヌ＝ル＝アフナス▽がウスマーンに、自分が彼の代わりにアリーに執り成しをするよう申し出た際に、

▽アル＝ムギーラ・イブヌ＝ル＝アフナス
ウスマーンの支持者。兄がウフドの戦いでアリーに斃されている。

アリー――彼に平安あれ――はアル＝ムギーラにいった。

やあ呪われた、子なしの（ろくな子供を持たない）、根も枝もない丸たん棒の息子よ、お前が私に執り成しをしようというのか。神かけて、アッラーはお前が支持する者に勝利を与えることはないだろう。お前が支える者が立ち上がることはない。われわれのところから出てゆけ。アッラーがお前の望みを叶えることはないだろう。やりたいことをするが良い。もしお前が（私を）助けるとしても、アッラーはお前を赦しはしない。

第百三十六の説教

＊自分の誠意と虐げられた者に対する援助について

君たちの私に対する忠誠の誓いは考えなしのものではない。しかし私の立場と君たちのそれは一つではない。私はアッラーのために君たちを求めるが、君たちは自分の利益のために私を求める。皆の者よ、君たちがどのようなつもりであっても私を支持してくれ給え。神かけて、私は虐げられた者のために復讐し、暴虐な支配者に鼻輪をかけ、彼がどんなに嫌がっても、真理の泉に引きずり出してやる。

第百三十七の説教

＊タルハとアッ＝ズバイルについて

神かけて、彼らは私になんの不都合な点も見出さないが、私と彼らの間の関係については公正な態度を取ってはいない。彼らは自分たちの見捨てた真理と、自分たちが流した血の代償を求めている。私がこの点で彼らと組むことになれば、彼らにしても一端の責任がある。しかしもしも私に関わりなく彼らがそれを行ったとすれば、その責任は彼らだけに帰せられることになる。彼らの求める正義の第一歩は彼ら自身を裁くことに他ならない。

私には自分なりの見解がある。私は事態を混乱させはしないし、他人に混乱されもしない。これは叛徒の群れで、そこには近しい者（アッ＝ズバイル）と蠍《さそり》の毒（アーイシャ）、ならびに（真実に）覆いをかける疑いがある。だが事態は明らかで、誤りはその大本で揺れ動いており、その舌は不善を訴えることを止めている。

神かけて、私は彼らのために貯水場を用意したが、水を汲むことができるのは私だけだ。彼らはそこから水を汲むことができず、それ以外のどこからも飲むことができない。

＊同じ説教から

彼らは忠誠の誓いを、忠誠の誓いを、と叫びながら私の許にやって来る。まるで子供を産みたての雌駱駝が、急いで子供に近づくように。私は自分の手を引き寄せるが、君たちはそれを自分の方に引き寄せる。私は君たちから手を遠ざけるが、君たちはそれを引き戻す。

アッラーよ、彼ら二人は私の権利を無視し、私に不正を行いました。私に対する忠誠の誓いを反故にし、人々に私に対する反抗をそそのかしました。彼らが結んだものを解きほぐして下さい。彼らが織りなしたものを強めないで下さい。彼らが望み、行うことの悪を二人にお示し下さい。

私は戦いに臨む前に彼らに対し、前言を翻す（忠誠の誓いを取り止める）ことのないよう求めた。戦闘に入る前にも思い止まるよう時を与えた。しかし彼らは恩恵を軽んじ、好ましい解決を拒んだ。

第百三十八の説教

＊将来の出来事について

人々が正しい導きを欲望に差し向ける時に、彼は欲望を導きに誘う。そして人々がクルアーンを勝手に解釈する時に、彼は自分の意見をクルアーンに近づける。

＊同じ説教から（十二代イマーム▽の出現を暗示して）

……その結果、君たちの間で激しい戦火が燃え上がるだろう。歯を剥き出しにし、乳房は甘い乳であふれているが、その乳首は苦い。

良いか、明日には、そしてその日は近いうちに君たちの知らない事柄を伴って必ずやってくるが、ここにはいない支配者が現世の徒を捕え、彼らの行いを吟味するであろう。その時大地は内に蓄えた財宝を彼に差し出し、その鍵を丁重に手渡すであろう。そして彼は君たちに正しい生き様を教え、（君たちの間で）死に絶えたクルアーンとスンナを蘇らせる。

＊同じ説教から

私は彼を見かけたようである。その者（悪の体現者、アブド＝ル＝マリク・イブン・マルワーン▽）はシリアで鬨《とき》の声を上げ、クーファの近くまで軍旗を翻した。彼は荒れた雌駱駝が嚙みつくようにこの町に襲いかかっている。彼は大地を死者の首で覆い尽く

▽十二代イマーム
シーア派の一つである十二イマーム派における十二代イマーム、ムハンマド・ムンタザルを指す。生誕は八六九年～八七〇年頃であるが、八七四年に第十一代イマームが没すると特定の代理人とのみ交信し指示する小ガイバ（お隠れ）に入り、九四一年以降は、マフディー（救世主）として再びあらわれるまで、神の命により大ガイバにある。

▽アブド＝ル＝マリク・イブン・マルワーン
ウマイヤ朝第五代カリフ（在位六九二年～七〇五年）。バスラ、クーファを制圧し、ウマイヤ朝の領土を拡大した。

し、荒々しい口を大きく開け、至るところを踏みにじっている。その版図は広域に及び、その勢いは侮り難い。

神かけて、彼は君たちをいたるところで蹴散らし、残された場所は瞼《まぶた》を飾るクフルのようにわずかしかない。君たちは、アラブがかつての気概を取り戻すまで、このような状態に留まることだろう。

それゆえ預言者の精神が生き続ける源である確たる言行、明らかな伝統、先代の生き様にしっかりと従うべきなのだ。悪魔は君たちが従いやすいさまざまな道を用意していることを、良く弁えなければならない。

第百三十九の説教

＊二代カリフ、ウマルの死後協議が行われた際に

人々を真実に誘い、親族に思いをかけ、寛大な行いを目指すことにかけて、私に先んずる者は誰一人いないであろう。それゆえ私の言葉を聞き、私の考えに従うが良い。今日この日の後で君たちは、この問題をめぐり剣が抜かれ、約束が破られるさまを見ることになるだろう。その結果、君たちの誰かが迷いの道を行く者たちの指導者となり、無知な者どもの一派を作ることになる。

第百四十の説教

＊他人にいないところで陰口をつくことについて

罪を犯すことなく、（罪からの）安全が与えられた人々には、罪人やその他の反抗的な者に対する慈悲心がなくてはならない。彼らには感謝の心があふれているが、それは他人（の非難）を彼らに避けさせるものである。自分の兄弟の悪口をいい、その欠点を非難する人間はいかがなものだろう。

彼はアッラーが自分の犯した罪を隠して下さったことを思い出しはしないのか。それは彼が非難する兄弟の罪より遥かに大きいのに。自分が同じような罪を犯しているのに、どうして兄弟の罪を非難できるのだ。よしんば彼が同じような罪を犯していないにしても、それとは違うより大きな罪によって神に反抗しているかもしれないのだ。神かけて、大罪によって神に逆らってはおらず、小さな罪で神に反抗したとしても、他人の欠点をあげつらうことはそれ自体、大きな罪である。

アッラーの下僕たちよ、慌てて他人の欠点をあげつらってはならない。彼はそれを赦されるかもしれないのだから。また自分の小さな過失を放っておいてもいけない。君はその罪に問われるかもしれないのだから。それゆえ他人の欠点を知る君たちの誰もが、自分の知っている自らの欠点に免じて、口を閉ざさなければならない。そして他人が犯した過ちから身を護る感謝に専念するのだ。

第百四十一の説教

＊他人の噂話を信じないことについて

皆の者よ、自分の兄弟が信仰において確信に満ち、正しい道を歩んでいることを承知しているならば、他人が彼についてとやかくいうことに耳を貸してはならない。射手の放った矢が的を外すこともある。それと同じく、他人の話はあてにはならない。そのような偽りの噂話は、長続きしない。だがアッラーは見聞きされる御方である。まさに真偽の間には四本の指の他にはなにもないのである。

信者たちの長――彼に平安あれ――がその意味を問われたとき、彼は四本の指をそろえ目と耳の間にあてていった。「『私は聞いた』というのは偽りで、『私は見た』というのが真実である。」

第百四十二の説教

＊不適切な寛大さについて

施しを受けるにふさわしくなくその権利を有さない者に対して施しをなす者は、取るに足らぬ者の称讃、悪しき者どもの讃辞の他には、何も得るものはない。そのように施し続ける限り、無知の輩は「なんと彼の手は寛大なことか」というであろう。だがアッラーによれば、彼は吝嗇《りんしょく》であるにすぎない。

したがってアッラーが富を与えた者は、近親者にそれを与え、それで客人をもてなし、捕虜を自由にし、困窮者を癒し、貧者や負債者へ施し、神の報奨を期して他の者の負債を払い、困難を引き受けたことに耐えるのだ。まさにこのような資質を獲得することは、もしアッラーのご意思ならば、この世における高貴さの極みと来世の美徳の獲得へ通ずるのである。

第百四十三の説教

＊雨乞いの祈りについて

心せよ、君たちを支える大地と君たちのために日陰を広げる天空は、君たちの主に服従している。それらは君たちに憐憫の情を持ったり、君たちに近づきたくて恵みを与えているわけではない。あるいは君たちから何かを期待してのことでもない。むしろこの大地と天空は、君たちに施すようにと命令を受けてそれに従っているだけのこと。それらは君たちに利益をもたらすように指令を受け、それを実行しているにすぎない。

まことにアッラーは、下僕が悪事を行えば、お与えになる果実を減らし、恩恵をもたらさず、施しの宝庫を閉ざされる。そして後悔する者は後悔し、悪事を断つ者はそれを断ち、神の名を唱える者は唱え、悪行を禁じる者はもはやそれに手を染めない。至大なるアッラーはそれをもってお赦しになり、糧とご慈悲を人々に降り注がれた。「主の赦しを求めよ。まことに神は、たびたびお赦しになられる。神は貴方がたに豊穣の雨を降らされ、貴方がたの財産や子女を増やされ、貴方がたのために庭園と河川を設けられる。」〔クルアーン七一章一〇節～一二節〕アッラーは、その悔悟を受け入れた者、過ちの赦しを乞う者、死期の間近の者に慈悲を降り注がれる。

神よ、われわれは、獣が咆哮し子どもたちが泣き叫ぶのを耳にして、貴方のご慈悲を求め、貴方の恩恵に浴することを望み、貴方の懲罰と報復を畏れて、隠れていた帳と館から外に出て参った。神よ、われわれに雨を恵み給え。どうか「われわれの中の無知な者の行いゆえに」〔クルアーン七章一五五節〕われわれを絶望させ、数年にわたる旱魃でわれわれを滅ぼし、われわれに罰をお与えにならぬように。

神よ、われわれは苦境に立たされ、旱魃による飢饉に見舞われ、苦難に絶望し、災害に絶え間なく遭遇した時、もう逃げ隠れはしないと弁明すべく貴方の御前に参じたのである。神よ、われわれは嘆願する。目を伏せ絶望するわれわれを引き戻されんことを。われわれの過ちを厳しく罰せられず、行動にふさわしい対応をお控え下さるように。

神よ、貴方のご慈悲、祝福、糧、ご寛容をわれわれに降り注ぎ給え。われわれに恩恵をもたらし、喉の渇きを癒し、枯れ果てたものをよみがえらせ、死滅したものに再び命を与え給え。さすれば恩恵はいや増し、みずみずしい果実はたわわに稔り、乾いた大地は潤い、河川は流れを取り戻し、草木は葉をつけ、物の値段は収まるであろう。

第百四十四の説教

＊預言者たちの任命について

アッラーは預言者を任命され、彼らに特別に啓示を下された。彼らを被造物に対する神の創造の明証となされ、人々に議論の余地のないようになされた。神は真実のお言葉を通じて人々を正しき道に招かれたのである。君たちはアッラーが被造物についてすべてご存知であられることを弁えねばならない。彼らの秘密やその内面的な感情の中に秘匿することをご存知ないわけはなく、「彼らの中の誰が最も優れた行いをするかを試み」〔クルアーン第一八章七節〕ているのである。したがって善き行いには報奨が、悪しき行いには懲罰が与えられることになる。

＊預言者一族——彼らに平安あれ——の美徳について

われらの他に知識に深く精通していると、誤った偽りの主張をする者たちが、どこにいるというのか。アッラーはわれわれを知識の高みへと導かれ、彼らを低く留められたのである。われわれには知識を授けられ、彼らにはそれを禁じた。われわれは知の聖地に招き入れられたが、彼らは外に留めおかれた。神のお導きはわれわれによって希求され、暗闇は明るく照らされる。まことに神に導かれた指導者たちはクライシュ族出身であり、その枝木はハーシム家▽の家系に植え付けられている。それは彼らの他には該当せず、彼ら以外は指導者にふさわしくない。

＊同じ説教より

彼らは現世を最優先とし、来世を放棄している。清らかな水から遠ざかり、悪臭を放つ水を飲む。私は彼らの中に邪悪な者を見出した。彼は、髪の毛が白くなり、本性が不正の色に染まるまで、不正を働き続け、そのような行為に慣れ親しみ、それらを好ましく思い、歩調を合わせる。彼は溺れる人にかまうことなく、泡をかき立て流れる濁流のごとく、何を燃やしているか気にもとめず、燃えさかる藁の中の火のごとく前に突き進

▽ハーシム家
クライシュ族の中の家系の一つで、預言者ムハンマドやアリーはこれに属する。他方、第三代カリフ、ウスマーンや、ウマイヤ朝初代カリフとなったムアーウィアとそれに続く歴代のカリフは、同じクライシュ族でもウマイヤ家に属する。

む。

導きの灯火の光を求める心、慈悲の光塔を見上げる目は、いったいどこにあるのか。アッラーに差し出し、アッラーに服従を捧げた心は、どこにあるのか。それらはすべて世俗的な虚栄心に向かい、不正をめぐり争っている。天国と地獄の旗印は彼らに掲げられているが、彼らは天国に顔を背け、自らの悪行により地獄へと向かっている。アッラーは彼らに呼びかけられている。だが彼らはそれを嫌い逃げ去った。悪魔が彼らに呼びかけると、彼らはただちにそれに応じる。

百四十五の説教

＊現世の消滅について

人々よ、まさに君たちは現世においては死の矢の標的である。飲み物を飲むごとにむせかえり、食べ物を口にするごとに息が詰まる。誰しも来世の恩恵を放棄せずに、現世の恩恵に与《あずか》ることはできない。君たちのうち高齢者は、死の瞬間を一日遅らせることなく、寿命を一日延ばすことはできない。それまでの貯えを使わずして、食事が新たに増えることはない。既存の徴が消滅しなければ、新たな徴はあらわれない。新しいものが古びた後にしか刷新はなされない。穀物は刈り取られなければ、新たな穀物は育たない。われわれという枝木を支える根幹が消滅すれば、それなくして枝木はいかに生きられようか。

＊同じ説教より

ビドア▽の批判

スンナ▽を放棄しなければ、ビドアは生じない。ビドアを回避し、教えの道を堅持するのだ。まことに厳格に定められたことは最も優れており、新たに考案されたことは害悪である。

第百四十六の説教

＊ウマル・イブヌ＝ル＝ハッターブがペルシャでの戦いに派兵するための人選についてアリーに親しく相談した際の説教

この問題の勝利や敗北は、兵力の多寡にかかっている訳ではない。それを明らかにしたのはアッラーの教えであり、その力となり、それに貢献したのはアッラーの軍勢であ

▽ビドア
イスラームの正しい教えから逸脱するような創意発案。

▽スンナ
預言者ムハンマドの言葉と行為によって示された聖なる慣行を指し、それらはハディース（伝承）に保存されている。

る。それあっていまの地歩が築かれた。われらはアッラーとの盟約を守り、アッラーも約束を守り、彼の軍勢を援護され給うであろう。

支配者たる者の地位は、人々を集め、束ねる、真珠を繋ぐ組み紐のようなもの。一旦紐が切れれば、珠は散り散りになって消え失せ、元に戻ることはない。いまのアラブは、数こそ少ないが、イスラームゆえに勢威あり、団結心ゆえに力強い。それゆえ貴方は中心の極となり、アラブの水車を回し、彼らの根（長）となる。貴方は戦いを避けねばならない。なぜならばもしも貴方がこの地を離れるならば、四方八方からアラブが貴方に襲い掛かり、後に残した護り手のない土地が、貴方の目指す敵地より価値あるものになりかねないからだ。

明日ペルシャ人たちが貴方を見かければ、彼らはいうであろう。「彼はアラブの根（首長）だ。あいつを始末さえすれば、われわれも安泰だ。」このようにして彼らは貴方への敵意を強め、貴方に狙いを定めるであろう。貴方は先ほど、彼らがムスリムとの戦いに出兵したと申された。しかしアッラーは、貴方以上にこの出兵を嫌っておられる。そして神は、忌むべき者と戦うより強い力をお持ちである。また貴方は兵士の数について申されたが、われわれはこれまで数を頼みに戦ってはいない。頼みにしたのはアッラーのご加護と助力である。

第百四十七の説教

アッラーはムハンマド——彼とその一族に祝福あれ——を真理と共に遣わされたが、それは人々を偶像崇拝からアッラーへの信仰に、悪魔への隷属からアッラーへの従順に誘うためである。また彼にクルアーンを授けて諭し、力づけたが、これは人々が忘れた際に彼らの主を知らしめ、彼らが否定した折に主を認めさせ、拒んだ際に主を受け入れさせるためである。

誉れあるアッラーは、その書を通じて自らの姿を現し、人々がその姿を認めることのないままにその力を示し、その威力によって彼らを畏怖させる。その懲罰によって打ちのめそうと望む者を逃さず打ちのめし、応報によって滅ぼさんとする者を必ず滅ぼされる御方。

そして君たちにとっては私の後に必ずや次のような時がやってくるであろう。なによりも正義が隠され、もっぱら不正が明らかとなり、アッラーとその御使いに関しては虚言だけがはびこることになる。この時代の人々にとっては、正しいクルアーンが最も無価値なものとなり、場違いな解釈をされたクルアーンが一番価値あるものとなる。そして国中で徳高いものが疎まれ、忌まわしいものが愛でられる。

またクルアーンを手にする者はそれを投げ捨て、それを諳《そら》んじる者はそれを忘れ去る。そのような折にはクルアーンとそれを守る者たちは遠ざけられ、追放される。彼らはしっかりと道連れになるが、誰一人として彼らに隠れ家を提供する者はいない。したがってクルアーンとそのともがらは、そのような時に人々の中にあるが、実際には彼らの中にはない。彼らと共にありながら、彼らと共にはないのである。なぜならば迷いと正しい導きは、たとえ共にあっても、共にある訳ではない。互いに分派を認め合う者どもは、仲間たちと居を共にすることはない。よしんば彼らがクルアーンの長であるとしても、クルアーンが彼らの長であることはないように。その場合、彼らの元ではクルアーンとは名ばかりのもので、彼らが弁えているのはその文字面だけに過ぎない。

以前に彼らは善行の徒をさんざん冷遇し、そのアッラーについての正しい見解を偽物呼ばわりし、正しい行いにひどい懲罰を与えた。君たち以前に人々はいたずらな欲望に浸り、迫りくる死を忘れて、弁解の余地もなく、赦しも認められず、必ず懲罰が課される死が訪れるまでなすことなく身を滅ぼしていった。

よいか皆の者よ、アッラーに助けを求める者は確かな導きを獲得し、その言葉を頼りとする者は最も正しい道案内を手にすることになる。なぜならばアッラーを崇める者は安心を得、その敵は恐れおののくばかりなのだから。アッラーの偉大さを知る者は尊大に振る舞う必要はなく、それを知る者の偉大さはアッラーの前にへりくだることであり、その力を認める者の安全はアッラーに従うことにある。健全な者がかさぶた持ちから遠ざかり、健康な者が病人を避けるように、真理から身を遠ざけてはならない。

君たちは正しい導きから遠ざかった者を知るまでは、正しい導きのなんたるかを弁えることはないであろう。またそれを破った者を知るまでは、クルアーンに誓うことのなんたるかを知らず、それを投げ捨てた者を知るまでは、それに縋《すが》り続けることの意味を認めることはないだろう。

これらの事柄を、それらを手にしている者たちから求めるのだ。なぜならば彼らは知恵の生きた泉であり、無知を断ち切った者なのだから。彼らこそは君たちにその知識によって正しい教えを告げ、その沈黙をもって正しい教えを諭し、その外面をもって心の内を示す人々なのである。彼らは宗教に違背することなく、それに関して互いに反論し合うこともない。宗教は彼らの内にあって正しい証人であり、言葉なく語りかけるものである。

第百四十八の説教

＊バスラの民について

彼ら二人（タルハとアッ＝ズバイル）は、いずれも自分たちのためにカリフの地位を望み、それを相手から自分の方に引き寄せようとしている。彼らは二人ともアッラーに近寄ろうと試みることもなく、そのための手立てを施す訳でもない。二人は互いに悪意を抱いているが、直ちにその覆いははがされるであろう。そして神かけて、彼らは望みのものを勝ち得るや、一方は他方を殺し、片方が他を滅ぼすであろう。かくて反乱の徒が立ち上がるが、正義のともがらは何処にいるのか。すでに彼らには道が定められ、予め教えも与えられている。あらゆる過ちには正当な理由づけがなされ、違反には口実が与えられている始末だ。神かけて私は、死者の話をしては泣きわめく者たちと同席するが、正しい教訓を受け入れようとはしない、弔い人の繰り言を耳にするだけのものになりたくはない。

第百四十九の説教

＊死を前にして

皆の者よ、すべての者は逃げ去りながら逃げようと試みたものと出会うのが定めである。死は生の終点である。死から遠ざかることは、それを捕えることに他ならない。このことの秘密を求めて、私はいく日費やしたことであろう。しかしアッラーはそれを隠されるばかりであった。ああそれは隠された知に他ならないのである。そして私は忠告する。アッラーに関しては、アッラーに並ぶ者を信じてはならない。またムハンマド――彼とその一族に平安あれ――については、彼の言行を無視してはならない。これら二本の柱をしっかりと支え、二つの灯を燃やし、いかなる危害にも見舞われぬよう力を合わせるのだ。君たちの一人一人が責務を果たせば、無知な者の役割も軽減される。主は恵み深く、信仰は正しく、指導者（預言者）は叡智にあふれている。

私は昨日君たちと共にあり、今日は君たちを教え諭す者であり、明日には君たちの許を去る。アッラーよ、私と君たちを赦し給え。もしもこの滑りやすいところで足がしっかりと立っているならば、それに越したことはない。しかし足はとかく滑りやすいもの。なぜならばわれわれは木の枝に隠され、吹き過ぎる風、流れゆく雲の影にあって目元が狂い、足元が定かでないのだから。私は君たちの隣人であり、私の肉体はしばらくの間君たちと共にあった。しかしやがて君たちは私の肉体が空となり、動きが止んで、言葉もなくなる様を見るであろう。そして私の静けさ、つむった目、動かぬ四肢は、教訓を求める者たちにとっては、雄弁な論議、小賢しい言葉以上に教えを覚らせるであろう。私は君たちの許を去る。ちょうど誰かと会うことを希う者のように。そしてやがて君たちは私の日々を顧みることになるであろう。私がいなくなり、他人が私の地位を引き継いだ時に、君たちには私の心の内が明らかになり、私のことを知ることになる。

第百五十の説教

*将来起こることについて

人々は正道を離れ、悪の道に急いで右往左往する。明日起こるであろうことに気を急くこともなければ、確かに期待されることを遠ざけるまでもない。手に入れようと躍起になっていた者が、手に入れなかった方が良かったなどと悔やむ例には事欠かない。今日という日と、明日の朝はほとんど隔たりがないのだ。

やあわれらがともがらよ、いまはあらゆる約束された事柄が起き、君たちの見知らぬ事柄が近づいている時だ。そのような時にわれらのうちそれを弁えた者は、明々と輝く灯を携えて人々の間をめぐり、正しい人々の道を踏み従う。これで彼は結び目をほどいて捕らわれ人を解放したり、あるいは人々の仲を裂いたり、結びつけたりする。ただし彼は人の目に留まることはなく、彼を追いまわす者にはたとえ目を見張っていても、その足跡を認めることができない。

そのうちに一群の人々は、鍛冶屋が鍛えた鉄のように強く鍛え上げられ、その眼識は啓示を伴って強められる。さらに聴力にはクルアーンの註釈の知識が補強され、彼らは朝な夕なに叡智の杯を酌み交わすこととなる。

彼らの時代は長引いたが、それは彼らの恥辱が極まり、それにふさわしい転変が尽くされるためである。そしてその時の終わりには人々は内輪もめに浸り、好んで戦いに勤しむようになり、アッラーに対する忍耐を怠り、正しいことに身を挺することを意に介さないようになる。すると定めによって試練の時は終わりを告げ、人々は彼らの良き報せを他に知らせ、指導者の命令に従って主に近づこうと試みるようになる。そしてアッラーが御使い――彼とその一族に祝福あれ――を定められると、一団の者は後に引き返すことになる。すでに迷いの道は彼らを傷つけたが、それも彼らが欺瞞のともがらに信を寄せ、親族以外の者を頼りにし、互いに愛し合うことを命じられた近親者を遠ざけ、自分たちの家をその礎石から引き離し、よその場所に移したためである。このようなことはすべての過ちの元であり、災厄の源に他ならない。彼らは途方に暮れて辺りをさまよい、ファラオの民さながらに酔い痴れたままである。彼らは現世を頼りにして見放されるか、宗教を当てにして見放されるかのいずれかなのである。

第百五十一の説教

＊来たる試練への警告

私は悪魔のもたらす罰や瞞着に対して、また悪魔の仕掛ける罠や狡知から逃れるようアッラーの庇護を求める。また私は証言する。アッラー以外に神はなく、ムハンマドは彼の下僕にして御使いであり、彼によって選ばれた、特に優れた存在である。またその美徳は並びなく、その損失が補われることもない。国々は彼によって光り輝いた。それ以前には不正の暗闇、勝ち誇る無知、粗野な慣習がはびこり、人々は禁じられたことを正しいとし、賢い人間を卑しめ、神の定めも持たずに生き、不信者として死んだ。

そしてアラブの民よ、君たちは近づきつつある試練の的に他ならない。それゆえ逸楽の酔いから身を護り、厳しい処罰を恐れるがよい。黒々と砂塵が舞い上がり、ゆがんだ不正が辺りを領する時にも、その本性はいずれ顕《あら》わとなり、秘密は明かされる。そして軸を回る車の回転も早まるが、そのような時にも確かに身を持するのだ。

それは気づかぬように始まるが、やがて恐ろしく醜怪な姿を示すようになる。その影響を受けた者の姿は、ありきたりの若者のようである。しかしその影響は、硬い石の傷跡のようだ。圧政の徒は、それを互いの協約として受け継ぐ。彼らの最初の者は、他の者の指導者の役割を演じ、他の者は前者に付き従う。しかし彼らはこの世で醜く争い、異臭を放つ死体の上で互いに争う。やがて指導者は従者を非難し、従者も指導者を避けて、主従は互いに仲違いするようになる。このようにして両者は顔を合わせると相手を呪うこととなるのである。

その後に壊れた事態をさらに悪くする、悪の扇動者が現れる。そして真っ直ぐな心は乱され、平穏な生活を営んでいた人々の生活は惑わされ、傷つけられた欲望は千々に乱れ、ものの考えも不確かになる。

このような道を進む者は失敗し、それに励む者は身を滅ぼさずにはいない。そこで人々は群れの中で嚙み合う驢馬のように嚙み合うだけだ。繋ぎ紐は縺れ合い、ことの有様はまったく分からなくなる有様だ。良識は影を潜め、圧政の徒がものを申すばかりである。災厄は遊牧の徒を金槌で打ちのめし、その頭で彼らを打ち砕く。砂嵐の中で一人旅の者たちは道を見失い、騎兵どもは道中で滅び去る。それは苦い運命の味を味わせ、（乳の代わりに）真っ赤な血をもたらすだけであり、宗教のミナレットを破壊し、確信の絆を綻ばせるだけである。

賢い人間はそれから遠ざかり、それにかまけるのは悪人どもである。それは雷のように轟《とどろ》き、強い稲妻を発し、災厄をもたらす。そこにおいては肉親の絆は切り裂かれ、イスラームも忘れ去られる。それを拒む者もその影響を受けずにはおられず、それから逃れようとする者もその中に身をおく以外にない。

第百五十二の説教

＊アッラーの偉大さについて

讃えあれアッラー、自らの創造によって自らの存在に導き、新たなる創造によってその永遠性をあらわにし、被造物の類似性によって自らが比類なきことを示す御方。五感で感得しようにも叶わぬ御方、帳で隠そうにも隠すことのできぬ御方。なぜならば制作と制作されたもの、設計者と設計されたもの、庇護者と庇護されるものは異なるからである。神は一だが、それは数字の一のようではない。創造主だが運動や道具を要しない。聴取をなさるが身体器官を通してではなく、ご覧になるが瞼《まぶた》をひらいてではなく、観察をなさるが接近してではない。隔絶された御方だが、距離とは関わりがない。顕現なさるが視界にではなく、お隠れなるが薄れゆくのではない。

神は事物を超越している。なぜならばそれらに力を与え、支配しているからである。他方、事物は神とは隔絶している。なぜならばそれらは神に服し、神に帰すからである。

神を語る者は、神を限定する。神を限定する者は、神を数え上げる。神を数え上げる者は、神の永遠性を否定する。神は、いかなるものかと問う者は、神を描き出そうとする。神はいずこと問う者は、神を囲い込もうとする。神は、知識を与えられた訳ではないが、全知者である。庇護された訳ではないが、庇護者である。力を与えられた訳ではないが、全能者である。

*同じ説教より

ところで、運命の星は光り輝き、煌々たる光を放ち、あらわれるべき者は姿をあらわし、心がけの曲がった者の姿勢は正された。アッラーはある民族を別の民族に、ある日を別の日におきかえられた。われわれはこのような変化を、飢饉が恵みの雨を待つがごとく待ち望んだ。

まさにアッラーの遣わされた指導者たちはアッラーの被造物を庇護する者であり、彼らは被造物に神の存在を知らしめる。これらの指導者たちやアッラーを知らぬまま天国に迎えられる者はなく、彼らを否定せずして地獄行きになることもない。

真に至高のアッラーは、イスラームの教えによって君たちを特別なものとし、イスラームのためにお選びになった。なぜならば、これはイスラームが安寧の代名詞であり、栄誉の集大成であることに他ならないからである。偉大なるアッラーは、イスラームの道を明示され、知識の開示と叡智の秘匿を通じてイスラームの明証を提示され、それに対する感嘆は消えることなく、驚異は尽きるところを知らない。イスラームには恩恵の牧場と暗闇を照らす灯火が備えられている。美徳はイスラームの鍵以外をもってして開示されることはなく、暗闇はその灯火以外のものをもっては照らし出されることはない。アッラーは聖域を保護され、その牧草を食むことをお許しになられた。イスラームには治癒を求める者の治療と、満足を求める者への充足がある。

＊同じ説教より

彼は神より時間的猶予を与えられている者であるが、導きの道と指導者のなきままに、軽率な者たちと共に堕落の道を歩み、罪深い者たちと早朝に旅立っていくのである。

＊同じ説教より

ついにアッラーが彼らの罪に対する対価を明るみになさり、その隠された罪をことごとく掘り起こされる時、彼らは逃れようと望む方角に近づき、近づこうとする方角から遠ざかる。したがって彼らは欲したものによって自らの願望に到達するのではなく、また自分が到達したものによって自分の願望が叶えられる訳でもない。

まさにここで君たちと私自身に、人は自分自身の手で利益を獲得すべしとする考えに警告を与えよう。なぜならばその反対に、聞く耳を持ち思考をめぐらす者、観察し洞察する者、助言によって利益を得る者は聡明だからである。さらに、落とし穴に落ちたり罠にはまることを避け、真理から逸脱したり、言葉を誤ったり、真実を畏れることへの誘惑にはあえて目もくれず、明確な道を歩む者は思慮深いからである。

私の聴衆たちよ、酩酊から目覚め、忘却から立ち戻り、拙速な行為をあらため、預言者――彼とその一族に祝福あれ――の舌を通じて君たちにもたらされた、遠ざけようもなく逃れようもないものに思いを馳せよ。君たちは、預言者に対立して彼をおき去りにし、預言者が取り入れたものはなんであれ打ち捨てる者たちに背を向けるべきである。君たちの虚栄心と傲慢さを捨て、墓を思い起こすべきである。なぜならば君たちの道は必ずそこに到達するからである。君たちの他人に対する扱いは、そのまま同じように自分に返ってくる。君たちは植えたものを刈り取り、今日送り出したものは、明日手元に戻ってくるのである。よって君たちは、将来のために分け与え、自分たちの審判の日のために善行を積みなさい。聴衆よ、注意し警戒せよ！　忘却の民よ、改め刷新せよ！「全知の御方のように貴方に知恵を授ける者はいない」〔クルアーン三五章一四節〕。

アッラーは、クルアーンにおいて報奨と懲罰をお与えになる固い決意と、それゆえに満足することと困惑することの区別をつけるという決意をお示しになった。たとえ神の下僕自身が努めて真摯に行動したにせよ、改悛の情を示すことなく、以下のような行為を一つでも犯すならば、彼がこの世を去ってアッラーに対面するにあたり、彼に利することはないであろう。

義務の礼拝においてアッラーに同類のものを配したり、怒りを鎮めるにあたり、他人を殺めたり、自らの行為を他人の行為で解決したり、自分の宗教において違法な革新によって人々の必要を満たしたり、表と裏の顔をもって人々に接したり、二枚舌をもって行動したりすること等はすべてこれに当たる。このことを良く理解しなければならない。なぜならば事例は、その類をもって説明がなされるからである。

家畜は餌を気にかけ、野生の動物は、他の動物を襲うことを考え、女たちは、現世の生活を飾り付けることやそこにおける腐敗について熱中する。他方、信者たちは慎ましく、神を讃え、畏れる者たちである。

第百五十三の説教

＊預言者一族――彼らに平安あれ――の美徳について

理知に長けた者は自らの目標を見据えている。彼は自分の最低の状態も、最高の状態も弁えている。招き手が呼びかけを行い、羊飼いが番をする。したがってその招き手に応え、羊飼いに従うのだ。

彼らは誘惑の海に身を投じ、スンナをふまえない改革を行う。そして信者たちは沈められ、誤った道をゆく嘘つきどももがもっともらしく話し出す。われわれは、教えに通じる教友であり、宝の番人である。家はその番人たちの扉を除いては立ち入ることはできない。したがってその扉以外から立ち入る者は、盗人と呼ばれるのである。

＊同じ説教より

信仰の高みは、預言者一族の優美さの中に見出される。彼らはアッラーの宝である。彼らが話す時は真実を話し、彼らが沈黙を守る時は、なにも語らない。

先導者は人々に正しい道を示し、自らの知性を保持し、来世の一族に属する。なぜならば彼らは来世からここに至り、またそこへ還るからである。心眼をもって見る者や洞察をもって行動する者の行為は、自らの行為が自分のためになるか否かを見極めてから着手される。もしそれが自分のためになるならば行い、ならないならば止める。知識なきままに行動する者は、道なき道を歩む者と同じである。自明な道から遠ざかることがなければ、自身の目的から遠ざかることもない。知識をたずさえて行動する者は、明瞭な道をたどる者のごときである。したがって、洞察力のある者は、行くべきか戻るべきかを見極める。

君たちは、すべてのものごとは、表裏一体であることを知るべきである。つまり外面の良いものは、内面も良い。外面の悪しきものは、内面も良くない。

真実を語られる預言者――彼とその一族に祝福あれ――は、次のようにおっしゃった。「アッラーは、下僕を愛おしく思われてもその行為を嫌うこともあれば、その行為を好まれても、その者を嫌われることもある。」あらゆる行為は草木を育てることと同様であることを弁えなさい。草木を育てるには例外なく水は必要であり、その水質はさまざまである。つまり水が良ければ、草木も良く育ち、その果実は美味である。他方、水が悪ければ、草木の育ちも悪く、その果実は苦くなる。

第百五十四の説教

＊驚異的なこうもりの創造に関する説教より

神を讃えよ。その御方の偉大さゆえに知性の働きは限定され、神の領域の極みに接近する方法が見出されないゆえに、神からご自身に関する真の知識を獲得することは不可能である。アッラーは、真理者、すなわち真理を明らかになされる御方である。神は真理の顕現であられるが、それは人間の目視の及ばない真理、顕現である。知性は神を形状によって限定することにより認識することはできない。神は肉体を有さないので、数量を用いて神を想像することもできない。神はなにをも手本とせずに、助言を受けることもなく、助けを借りずに創造を遂行なされた。神の創造はその命令によって完結し、被造物は神前にひれ伏し服従した。被造物は神の呼びかけに応じて拒まず、神に服従し反抗しなかったのである。

神がわれわれに披露された巧みな製法、驚異的な創造、深慮の事例は、これらのこうもりに見出される。日光はこうもり以外のものを照らし出すが、日中こうもりは潜伏している。他方、夜間、他の生物はすべて行動できないが、こうもりは移動する。日光は生物の動きを先導し、太陽により方向が示されることにより目的地に到着可能となるが、その日光に対しこうもりはめまいを覚え、それを使うことができないとはいかなることであろうか。

アッラーはこうもりが太陽の明るさの中を移動できぬようになされ、彼らは太陽が昇っている間は外に出ずに自らの場所に潜んでいる。ゆえに彼らは、日中、瞼《まぶた》を閉じて過ごし、闇夜を灯火としてそれを頼りに獲物を探しに出かける。闇夜は彼らの視界の妨げとはならず、暗さがその行動を阻止することもない。太陽が昇り、あたりが陽光に満たされ、彼らの瞳孔に光が射し込むやいなや、こうもりは瞼を閉じ、暗闇の中で集めたものを食す。

なんと偉大な御方であろうか。神はこうもりに対して夜間を、食料を集めるための日中のようになされ、昼間は休息の時に設定された。神はこうもりに肉体の一部として翼を与え、必要に応じて飛行できるようになされた。その翼は耳翼のようであり、羽毛も骨もないが、それらの血管は鮮明に見える。こうもりは二つの翼を持ち、それらは方向転換するのに薄すぎることはなく、分厚くて重すぎるというほどでもない。こうもりが飛行する時は、幼いこうもりは大人のこうもりにしがみついて助けを受け、大人と一緒に降下、上昇する。幼いこうもりは、肋骨が発達し上昇に翼が耐え生活の方法を習得し、自分の必要を満たすことができるまで大人から離れない。

他の先例のなきままに、万物を創造なさるとは、なんと偉大な御方なのか。

第百五十五の説教

*流血の戦闘の事態に関するバスラの人々への説教

この時点においてアッラーへの信仰に自分自身をつなぎとめている者は行動せよ。もし君たちが私に従うならば、また神がそれをお望みならば、たとえ過酷な試練、苦渋の経験となろうが、君たちを天国の道へ導こう。

ある女に関してだが、彼女は女性特有の見解にとらわれ、胸中には鍛冶屋の炉のごとく燃えたぎる敵意を擁している。彼女が私に対するふるまいと同様のことを他の者に行うように求められても、彼女はそのようなことはしないであろう。いずれにせよ、彼女の本来の尊厳は保たれ、その行為に対する判断は神がなされるのである。

＊同じ説教より

神の道は、最も明るく輝く道であり、煌々と光り輝く灯火である。信仰によって正しい行為へと導かれ、善行によって信仰へと導かれる。知識は信仰によって豊かになり、死は知識によって怖れられる。この世は死によって終焉するが、この世の行いによって来世が約束される。終末の日、天国は近づき、邪道に入った者には地獄がもたらされよう。まことに人々は終末から逃れることはできず、決められた道をたどって最終の目的地へと向かうのである。

＊同じ説教より

人々は墓場の安息地より起き上がり、最終目的へと出発する。すべての者にふさわしい家があり、それを取り替えることも、そこから移動することもない。善事を勧め、悪事を禁じることとは、至高のアッラーの二つの本性である。つまりその二つは死の瞬間を近づけることもなければ、日常の糧を減らすこともない。君たちはアッラーの聖典を信奉しなさい。なぜならばそれは強力な手綱、光り輝く灯火、有益な治癒、渇きへの癒し、篤信者への保護、支持者の救済である。それはまっすぐで歪曲することがなく、逸脱がないので修正する必要もない。それをなん度も耳にして復唱することで古びることはなく、それにもとづいて語る者は真実を語り、それにもとづいて行動する者は良き前例をつくる。

アリー――彼に平安あれ――の前である男が立ち上がりいった。「もめごとについて私たちに教えて下さい。そのことについて預言者――彼とその一族に祝福あれ――に質問したのですか。」

するとアリー――彼に平安あれ――は次のように答えた。「いと高きアッラーは次のお言葉を下された。『アリフ、ラーム、ミーム。人々は〈私たちは信じます〉といえば放っておかれ、試されることはないと思っているのか』〔クルアーン二九章一〜二節〕そして預言者がわれわれの中にいらっしゃる限りは、いささかいがわれわれにふりかかることはないと悟った。そこで私は尋ねた。『アッラーの御使いよ、アッラーが貴方に知らされたもめごととは一体どのようなものでしたか。』預言者は次のように答えられた。『アリーよ、人民は私の亡き後、いさかいを起こすであろう。』私はいった。『アッラーの御使いよ、ウフドの戦い▽の際、人々が殉教し、私もその場にいて悲痛な思いをしましたが、その時、貴方は〈元気を出し給え、君もいずれは殉教するのだから〉とおっしゃったではありませんか。』預言者はお答えになった。『その通りだが、君は現状に耐えられるのか。』私はいった。『預言者よ、ここにふさわしいのは、忍耐ではなく、喜びと感謝なのです。』そして彼はいった。『アリーよ、人々は自身の財産をめぐっていさかいを起こし、自らの信仰については神に義務を負い、神の慈悲を乞い、その怒りから免れようとするであろう。そして神が禁じていることを偽りの疑念と誤った欲望によって許可されたものと見なし、その結果、彼らは酒を大麦の水、贈賄を贈物、利息を販売の収益として許されたものと見なすのである。』私はいった。『預言者よ、私はその時、彼らとどのように対峙すればよいのでしょうか。背教のままにさせるか、彼らと戦うかのいずれでしょうか。』預言者は『戦うのだ。』とおっしゃった。」

第百五十六の説教

＊敬神への勧告

▽ウフドの戦い
六二五年、前年のバドルの戦いに続いてメッカ軍がマディーナに移住した預言者ムハンマドをはじめとするムスリムを攻撃した戦い。イスラーム勢は退却を余儀なくされ敗北したが、メッカ軍もマディーナにおける預言者ムハンマドの勢力低下、共同体の破壊は達成することはかなわなかった。

アッラーを讃えよ。神への讃美を神を記憶する鍵となされ、神のご慈悲を増す手段、神のご加護と偉大さへの導きとなされた御方。

アッラーの下僕たちよ。時はかつての人々を過ぎ越したのと同じく、いま生きる者たちを通り過ぎていく。過ぎ去りし時間は決して戻ることはなく、その中にあるものは永遠にとどまることはない。時の動きの終焉は、その生起と同じであり、日々の出来事はそれを主張し、その兆候はあらわになる。君たちは終末を迎える時、駱駝追いが子駱駝を追い立てるように駆り立てられるだろう。自分自身のこと以外にかまけている者は、暗闇の中をさまよい、没落していく。そのような者の悪魔性はその邪悪さの中に深く浸潤し、その悪行を立派なものとみせかける。天国は善行に向かって前進する者の目的地であり、他方、地獄は大言を吐く者の行く末である。

アッラーの下僕たちよ、畏怖の念は固く警護された住まいであるが、邪悪さはそこに住まう人々を護らず、避難を求める人々を保護しない安普請の家に他ならないことを弁えよ。罪の毒牙は神への畏怖によって切り落とされ、最終目標へは確信によって到達することを知るのだ。

アッラーの下僕たちよ、アッラーを、アッラーを、君たちにとって誰よりも親愛なる御方であるアッラーを畏れるのだ。アッラーは真理の道を君たちに明確に示され、その目的地を明るく照らされた。だから今度は君たちが、必然的な不幸か、永遠に続く幸福かを選ぶのだ。君たちは恒久的な日々のために、この消滅する日々において糧を供出せねばならない。君たちはすでにその糧について知らされており、前進を命じられ、目的地に急かされている。まさに君たちは、進み出るように命じられた時にどうしたものかと戸惑っている駱駝に乗っているようなものだ。

来世のために創られた者はなにをなすべきか。またすぐさま没収される自身の財産によってなにをすべきなのか。それは悪しき結末とその勘定しか残さないというのに。アッラーの下僕たちよ、アッラーが約束された善事を打ち捨ててはならない。また神が禁じられた悪事を望んではならない。

アッラーの下僕たちよ、諸行為が試される日を畏れよ。その日は大地が揺れに揺れ、子供さえ老いるのだ。

アッラーの下僕たちよ、自分を護るのは自分自身であることを弁えよ。君たちの肋骨は、君たちを監視し、諸行為を書きとめる正直な見張り番である。闇夜が君たちをそれらから隠すこともなければ、閉ざされた扉が君たちを匿うこともない。

まさに明日は今日に接近している。今日はそれが包摂するものと共に過ぎ去り、明日は今日に引き続き到来する。そして君たち一人一人は、地上の孤独の館、つまり自分の墓場に到着するといわれている。ああ、なんと孤独な館、なんと恐ろしい家、隔絶された孤独なのか。おそらく哀しきラッパの音が君たちに届くと、悲しみと共に終末の時が訪れ、審判を受けさせるために君たちを墓場から連れ出す。虚偽の帳が取り外され、君たちのいい訳は無効となる。そこで君たちの真の姿が明かされ、自業自得の結末を迎える。したがって、君たちはさまざまな教訓から学び取り、日々の変化から教えを受け、警告を活用するのだ。

第百五十七の説教

＊預言者について

アッラーは、しばらく預言者が不在であった後に、預言者を任命された。人々は長い間、惰眠を貪り、生活の箍《たが》はゆるんでいた。預言者はそれまでの教えの証と、後に従うべき光を携えてあらわれた。それがクルアーンである。ただし、もしもクルアーンになにかを語るよう求めてもそれはなにも語りはしない。その代わりに私がクルアーンについて君たちに伝えるであろう。クルアーンは、これから起こるであろうこと、過去のできごと、病の治療法、君たちの関係を律する規則を含んでいることを弁えねばならない。

＊同じ説教より

その時抑圧者がもたらす辛苦、蔓延させる病魔の他には、そこには住まいもテントも残らない。またその日には、天空では誰も人々のいい訳を聞き入れず、地上では誰も人々を助けに来ないであろう。君たちはカリフにふさわしくない者にその任を与え、果しえない地位にまで引き上げた。まもなくアッラーは、抑圧者すべてに報復するであろう。食物には食物を、飲み物に飲み物をもって報復する。たとえば苦い果実を食物に、ミルラ（没薬）とアロエを飲料に、そして恐怖の衣をまとわされ、刃を突き付けられる。彼らは罪を背負った荷運びの牛馬、悪魔の行為を背負う駱駝に他ならない。私は誓って、宣言する。ウマイヤ家の一族はカリフ制度に唾を吐きかけて台無しにした。今後、昼夜が入れ替わるかぎり、彼らは決して旨みを味わったり香りを楽しんだりすることはないであろう。

第百五十八の説教

＊善き行いについて

私は君たちの良き隣人であり、君たちを支える最大限の努力をした。そして君たちのわずかな善行に感謝を示し、私が目で見、体験した、君たちの夥しい過ちに対し目をつむることにより、君たちを侮辱の束縛と抑圧の足かせから解放したのである。

第百五十九の説教

＊アッラーの称讃について

アッラーの裁定は、賢明であり思慮分別に富むものである。その悦びは保護と慈悲にあらわれる。神は知識によって決定を下され、忍耐によってお赦しになる。

ああ神よ、貴方の与奪ゆえに、また恩赦と試練ゆえに讃えられん。称讃は貴方を喜ばせ、貴方にとって最も好ましく、また最も厳かなもの。それは貴方が創造なされたものを満たす称讃であり、貴方が望まれるところどこにでも行き渡るものである。称讃は貴方から隠れることはなく、貴方にとって不十分なものではない。称讃を数え上げることには切りがなく、その広がりは閉ざされることはない。

＊アッラーの偉大さについて

貴方が永遠の存在であられること、仮眠も熟睡もなさらないこと、視界は貴方に到達せず、洞察も貴方を認識しえないが、貴方は視線を認識され、諸々の行いを数え上げられること、貴方が「前髪と足によって」〔クルアーン五五章四一節〕人々を捕らえること、これらのことの他には、貴方がいかに偉大であられるかをわれわれは知らない。

われわれは貴方が創造されたものを目の当たりにし、貴方のお力に驚愕し、その権力の偉大さゆえにそれを描き出そうと試みる。貴方がわれわれから隠されたもの、われわれの視線がとらえることのできないもの、われわれの知性が到達しえないもの、不可視の帳によってわれわれを貴方に近づかせないものは、なんと偉大なのであろうか。

貴方がいかにして玉座を築き、創造を行い、貴方の諸天を空中につるし、波の上に大地を広げられたかを理解しようと、自らの心を解き放ち思考をめぐらす者の眼差しは、すっかり憔悴し、その知性は打ち砕かれ、聴覚は混乱し思考は途方に暮れるのである。

＊同じ説教より――期待のありようについて

人は勝手に自分がアッラーに期待を寄せていると主張する。しかし、偉大な神にかけて、彼は嘘をついている。彼の期待がその行為に反映されていないのは、なぜなのか。人の望みはすべてその行為にあらわれる。もしもそれが穢れていれば、アッラーへの期待以外のすべての期待が具体化される。もしもそれが病んだものであれば、アッラー以外への怖れがあらわれる。

人はアッラーに対しては多大な期待を寄せ、人間に対して小さなことしか期待しない。だが彼は神には捧げないような評価を人に対して与えることもする。偉大なる神に対する称讃が、その下僕に対して向けられ、それよりも小さくなるのは、いったいなぜなのであろうか。君たちはアッラーに偽りの期待を寄せ、自分の希望の中心にアッラーを見出さないことに、畏れを抱かないのか。同じく他人を怖れると、自らの主である神に対して抱かない類の怖れゆえに、人間の方に期待を寄せてしまうのである。したがって、そのような者は神の下僕に対する怖れを財貨と見なし、自らの創造主への畏れは悪しき負債や単なる約束事としか見なさない。これは現世を重視し、心を現世に留めおく者に当てはまる。そのような者は、アッラーよりも現世を選好し、その結果、現世に傾倒し、そのために尽くす下僕となり果てるのである。

＊預言者——彼とその一族に祝福あれ——について

まことにアッラーの御使い——彼とその一族に祝福あれ——に関しては、君たちに対して十分な例証がもたらされ、この世界に対する痛烈な批判や欠点、多種多様な醜悪さとその類の証拠も示されている。それは預言者が世界の周縁に追いやられ、世界の保全は預言者以外の者のためのものになったことによる。つまり人々は滋養を断ち、その豊穣に背を向けたのである。

ムーサー（モーセ）について

もし望むならば、アッラーとの対話者、ムーサー――彼とその一族に祝福あれ――を、第二の例として挙げよう。ムーサーが「主よ、貴方が私にお授けになるなにか善きものがほしいのです」〔クルアーン二八章二四節〕といった時のこと。アッラーのお側近くで、彼はアッラーに食べ物としてパンのみを求めた。彼は常日頃、草の葉を食し、身体は痩せこけ筋肉が落ちていたので、腹部の薄い皮膚から草の緑色が見えるほどだったからである。

ダーウード（ダビデ）について

もし望むならば、第三の例として、詩篇の主で天国の民に属する〔啓示の〕朗誦者、ダーウードの例を挙げよう。彼はナツメヤシの葉で作った籠をいつも手にし、仲間に向かって「誰かこれを買い取って私を助けてくれないか」といった。彼はその代金でいつも大麦のパンを口にしていたのである。

イーサー（イエス）について

もし望むならば、マルヤム（マリア）の息子イーサー――彼に平安あれ――についても述べよう。彼は石を枕にするのを常とし、みすぼらしい着物をまとい、粗末なものを食べていた。彼にとっての薬味は空腹で、夜の灯は月光であった。冬には彼の影は東西の地平におよび、彼のもたらした果実と花は、家畜のために地中から芽吹いたものであった。イーサーは魅惑的な妻も、悲しみを与える息子も、注意散漫のもととなる財産も、醜悪な貪欲も持ち合わせていない。彼の乗り物は足で、召使は手であった。

偉大な預言者——彼とその一族に祝福あれ——について

清廉にして敬虔なる貴方の預言者——彼とその一族に祝福あれ——に付き従いなさい。彼は、信奉者の模範となり、慰めを求める者を慰労するであろう。神の御前で最も愛でられる信者は、アッラーの御使いに従い、その足跡をたどる者である。預言者はこの世界から最低限の分け前にしか与《あずか》らず、その分け前には一瞥もくれない。世界の中で最もひもじさに耐え、空腹を厭わない。世界は彼に与えんとするが、彼はそれを拒絶する。いと高きアッラーがあるものを好まないと知れば、彼もそれを忌み嫌う。神が蔑《さげす》んだものを、彼も同様に蔑む。アッラーが卑小と見なすものを、預言者もそのように見なす。もしわれわれが、アッラーの忌み嫌われるものを好み、軽蔑されるものを偉大と見なすならば、アッラーから遠ざかり、その命令に反しているに等しい。

預言者——彼とその一族に祝福あれ——は地べたで食事をし、下僕のように座るのを常とした。彼は自らの手で靴を修理し、衣服は自分の手で繕《つくろ》った。そして鞍をつけずにロバにまたがり、後ろに人を乗せていた。また彼の家の扉に絵の描かれたカーテンがかかっていると、妻の一人に向かって次のようにいった。「それを私に見えないようにしてくれないか。それを見ると、私は現世とその誘惑に思いをめぐらしてしまうから。」彼は現世の誘惑から心を切り離し、記憶から消し去るよう心がけた。彼は豪華な衣服を手に入れたり、現世を定住の地と見なしそこに安住したりすることを望まないように、この世の魅惑的なものに目が触れないことを好んだ。そしてそれらを意識から拭い去り、心から遠ざけ、視界に入れぬように努めた。それは、なにかを忌み嫌う人が、それを目にしたり言及したりすることを忌避するのと同様である。

確かに預言者――彼とその一族に祝福あれ――は、すべての現世の悪徳と欠点を知らしめるものを持っている。たとえば彼は教友と共に空腹に耐え、その並外れた地位とアッラーへの近さにもかかわらず、現世の誘惑から遠ざかった。この点に関して人はアッラーがムハンマド――彼とその一族に祝福あれ――を称讃されたのか、あるいは非難されたのかを、理性をもって見極める必要がある。もしも非難されたと見なすならば、それはまったくの偽りであり、まことに大いなる虚言である。もし神が称讃されたとするならば、それは人々の中で最も神に近い預言者から他を遠ざけ、預言者以外の者を貶《おとし》め、現世を預言者のものとしたことを弁えねばならない。

したがって預言者に付き従い、その足跡をたどり、彼の示す入り口から足を踏み入れねばならない。さもなければ、崩壊を回避することは叶わない。まさにアッラーはムハンマド――彼とその一族に祝福あれ――を最後の審判の日の徴として遣わされた。預言者は天国の便りを携え、報復を警告する者である。彼は、飢えたまま現世を後にしたが、無事に来世に迎え入れられている。彼は神の道に向かいその呼びかけに応えるために、現世を離れるまで（家を造るために）石を積み上げることはなかった。われわれが付き従う先人であり、その後を追う指導者である預言者を通じて、恩恵をもたらして下さるアッラーの祝福は、われわれにとってなんと偉大なのであろうか。

私はアッラーに多くの継ぎはぎを上着に施していただき、このような繕《つくろ》いをして下さった御方を前にしてただひたすら恐縮するばかりである。誰かが私に、その上着を脱がないのかと尋ねたので、「とにかくほっておいてくれ」といった。人々は朝方になって初めて、夜の旅路を誉めたたえるのである。

第百六十の説教

＊畏怖の念によって唱道する預言者――彼とその一族に祝福あれ――とその一族、ならびにその教えに従う人々について

神は閃光と明証、開かれた道、導きの書によって預言者を遣わされた。彼の部族は最高の部族であり、その家系はとりわけすぐれており、均整のとれた枝々に果物がたわわ

に稔っている。預言者はメッカに生まれ、タイバ（マディーナ）に移り住み、そこで名を馳せ、その地から遠くに声を響かせた。

アッラーは預言者に十分な明証と説得力に富む訓戒、教訓に満ちた呼びかけを授けて遣わされた。アッラーは、彼を通して無知にかき消された道をあらわにし、逸脱の病を阻止し、正しい教えを詳《つまび》らかにされた。つまり「イスラーム以外の教えに従う者」〔クルアーン三章八五節〕の不幸は確実となり、支えの紐帯は途切れ、凋落ぶりはすさまじく、結局は長く続く悲しみと苦痛に満ちた懲罰へと還り往くのである。私はひたすらアッラーのみを信頼し、天国に通じる道、神の望まれる場に至る一本道へお導き下さるよう乞い願う。

＊畏怖の念にまつわる助言

アッラーの下僕たちよ、私はアッラーを畏れ、彼に服従せよと助言しよう。なぜならばそうすることは、明日の救いであり、永遠の救済に他ならないからである。神は人々に懲罰を警告し、それがなんたるかを知らしめる。神は人々に望みを与え、叶えて下さる。神は現世について、それと距離をおくこと、その衰退とうつろいやすさについて君たちに説かれる。したがって、現世の魅惑から遠ざかるよう心がけよ。なぜならば、ほとんどは君たちの手助けにはならないのだから。現世の館は、アッラーの憤怒と隣合せにあり、アッラーのご満悦からは最もかけ離れたところにある。

アッラーの下僕たちよ、現世の不安と喧騒から目を閉じよ。なぜならば君たちはすでにその裏切りとうつろいやすさについて確信しているからである。心の底から厳しく畏れる者として神を畏れよ。そして君たちよりも以前に没落したところで君たちが目撃したことに教訓を求めよ。彼らの紐帯は切れ切れになり、彼らの目と耳はつぶされ、名誉と特権は消え失せ、享楽と栄耀栄華は終焉を迎えた。子供たちとの親密な関係は失われ、伴侶とは離れ離れになり、互いに自慢しあうことも、子供をもうけることも、互いにあいまみえることも、隣人として生活することもないのである。ゆえに、アッラーの下僕たちよ、自分自身を抑制し、感情をおさえ、分別を弁える者としてアッラーを畏れよ。まことに事態は明瞭、兆候は明確、道のりは平坦にして、道は真直ぐなのである。

訳者紹介

黒田壽郎（くろだ・としお）

1933年生まれ。国際大学名誉教授。慶應義塾大学文学部仏文科卒業、同大学院文学研究科博士課程東洋史専攻修了。カイロ大学客員教授、イラン王立哲学アカデミー教授、国際大学中東研究所初代所長を歴任。著書、『イスラームの心』、『イスラームの反体制』、『（増補新版）イスラームの構造』、『格差と文明』など。編著、『イスラーム辞典』など。訳書、アンリ・コルバン『イスラーム哲学史』（共訳）、イブン・ハズム『鳩の頸飾り』、ガザーリー『哲学者の意図』、ムハンマド・バーキルッ＝サドル『イスラーム経済論』、『イスラーム哲学』、ムハンマド・アッ＝タバータバーイー『現代イスラーム哲学』（第19回イラン・イスラーム共和国年間最優秀図書賞受賞（2012年））、ワーエル・B・ハッラーク『イスラーム法理論の歴史』など。

雄弁の道　アリー説教集

刊　行　2017年12月

訳　者　黒田　壽郎

刊行者　清　藤　洋

刊行所　書 肆 心 水

135-0016 東京都江東区東陽 6-2-27-1308

www.shoshi-shinsui.com

電話 03-6677-0101

ISBN978-4-906917-75-4 C0014

―既刊書―

増補新版　イスラームの構造

タウヒード・シャリーア・ウンマ

黒田壽郎著

多様なるイスラームの最大公約数
――タウヒード、シャリーア、ウンマの三極構造論

タウヒード＝イスラームの世界観、シャリーア＝イスラームの倫理と法、ウンマ＝イスラームの共同体。イスラームの理想と現実の関係の構造的把握から示す、イスラーム回帰現象の深層。カリフ制が弱体化した時代と不在の時代に、その理念が社会生活でいかに生きられたかを「国家｜ウンマ」の社会的二層構造を通して解説。現代の危機をこえる希望のイスラーム論。

3600 円（税別）

—既刊書—

現代イスラーム哲学

ヒクマ存在論とは何か

ムハンマド・アッ＝タバータバーイー著
黒田壽郎訳・解説

「花ガ存在スル」から「存在ガ花スル」へ
——イスラーム存在論の最高峰「ヒクマ」とは何か

イスラームの価値観の根元をなす存在論。我々は、そして万物は、すべてが差異的であり、すべてが等位にあり、すべてが関係的である。モッラー・サドラー（『存在認識の道』井筒俊彦訳）が説いた「存在の優先性」論の継承と現代的展開。イスラーム文明を総体として、最深部から探究し続ける訳者による詳細な解説篇と註釈を附す。アラビア語原典からの翻訳。

＊イラン・イスラーム共和国第19回イラン年間最優秀図書賞（イスラーム研究部門）受賞（2012年）

5500円（税別）